Philipp August Becker

Der Quellenwert der Storie Nerbonesi

Wilhelm Korneis und Mönch Wilhelm

Philipp August Becker

Der Quellenwert der Storie Nerbonesi
Wilhelm Korneis und Mönch Wilhelm

ISBN/EAN: 9783743339002

Hergestellt in Europa, USA, Kanada, Australien, Japan

Cover: Foto ©ninafisch / pixelio.de

Manufactured and distributed by brebook publishing software (www.brebook.com)

Philipp August Becker

Der Quellenwert der Storie Nerbonesi

DER QUELLENWERT
DER
STORIE NERBONESI.

WILHELM KORNEIS UND MÖNCH WILHELM.

ÜBERSETZUNG DES NEUNTEN TEILS DER KARLAMAGNUSSAGA UND AUSZÜGE AUS ULRICHS VON TÜRHEIM WILLEHALM.

VON

PH. AUG. BECKER.

HALLE a. S.
MAX NIEMEYER.
1898.

Herrn

Professor Dr. Fritz Neumann

in dankbarer Erinnerung

an die

Freiburger Lehrjahre

zugeeignet.

DER QUELLENWERT DER STORIE NERBONESI.

WILHELM KORNEIS und MÖNCH WILHELM.

ÜBERSETZUNG DES NEUNTEN TEILS
DER KARLAMAGNUSSAGA UND AUSZÜGE AUS ULRICHS
VON TÜRHEIM WILLEHALM.

VON

PH. AUG. BECKER.

HALLE a. S.
MAX NIEMEYER.
1898.

Der Quellenwert der Storie Nerbonesi.

Nicht nur ehernen Fleiss und unermüdliche Ausdauer besass Andrea da Barberino, der Kompilator jenes endlosen italienischen Prosaromans, von welchem die *Storie Nerbonesi* ein schwacher Bruchteil sind: es stand ihm auch eine besonders reichhaltige Epenbibliothek zur Verfügung. Wenn wir den Gelehrten Glauben schenken, die sich mit Teilen seines Werkes befasst haben, so benutzte er französische Epen, frankoitalienische Dichtungen, toskanische Prosaerzählungen und Cantari in Oktaven; vor allem soll ihm eine staunenerregende Menge von älteren Versionen unserer Heldenlieder zugänglich gewesen sein, und fraglos sind die Entlehnungen, die er diesen Vorepen machte, für den Forscher das wertvollste an seiner dickleibigen Kompilation.

Es liegt mir fern, die Richtigkeit dieser Ergebnisse in Abrede zu stellen, obwohl ich eine durchgreifende Revision der ganzen Frage für notwendig hielte. Allein, bei einer so weitschichtigen Arbeit wie Andreas Prosaroman, kann man die für einen Abschnitt gewonnenen Resultate nicht schlankweg auf die übrigen übertragen. Gesetzt auch, er habe von gewissen Epen zwei oder drei Versionen und italienische Bearbeitungen dazu vor Augen gehabt, so ist es doch denkbar, dass er bei anderen auf eine Quelle angewiesen war. Und gerade bei den Narbonner-Epen ist das letztere an sich nicht unwahrscheinlich.

Denn die Narbonner-Epen haben ihre Verbreitung hauptsächlich in den bekannten zyklischen Handschriften gefunden;

eine andere Sammlung von Wilhelm- oder Aimeriliedern als die auch uns erhaltene kennt man nicht, hat man bis jetzt nicht nachgewiesen. Da nun Andrea da Barberino eben diese Lieder, welche unsere Sammlungen ausmachen, kennt, so liegt die Vermutung nahe, dass auch ihm eine zyklische Handschrift zu Gebote stand. Andererseits ist er unseres Wissens der einzige in Italien, der die Narbonnersage behandelt hat, es liegen weder frankoitalienische Bearbeitungen derselben noch Oktavendichtungen vor. Ein günstiges Vorurteil für die Vielheit der Quellen ist mithin nicht von vornherein gegeben. Bedenkt man nun die Riesenarbeit, die sich der Mann aufgebürdet, so muss man sich aufrichtig fragen, ob er überhaupt Zeit hatte, für jedes einzelne Buch seiner umfangreichen Kompilation mehrere Bände Epen durchzulesen und sorgfältig zu vergleichen. Wird er sich nicht lieber seiner geübten und leichtbeschwingten Feder überlassen haben? Denn bei der Prosaauflösung der Nerbonesi war er kein Anfänger mehr, sondern ein gewiegter und routinierter Meister seines Handwerks.

Unsere Unsersuchung hat zur Aufgabe, den Quellenwert der Storie Nerbonesi für die Vorgeschichte der französischen Heldendichtung klarzulegen. Wir stellen im allgemeinen die Frage, ob Andrea andere Narbonner-Epen zur Hand hatte als die unsrigen, sei es Fassungen, die von den auf uns gekommenen abweichen, sei es Lieder, die im französischen Original nicht mehr vorliegen.

Zum Nachweis solcher Vorepen genügt es nun nicht, Unterschiede zwischen den erhaltenen Epen und der Prosaerzählung festzustellen; selbst bedeutende und fortwährende Abweichungen beweisen an sich nichts. Denn Niemand, er sei denn blind, kann die Selbständigkeit der Prosabearbeiter leugnen. Namentlich wenn es sich um derartige umfassende Kompilationen mit chronikartigem Charakter handelt, ist eine sklavische oder nur halbwegs getreue Wiedergabe der epischen Vorlagen ein Ding der Unmöglichkeit. Denn der Prosaroman als Pseudochronik gehorcht anderen Gesetzen als das Epos. Das Heldenlied ist in sich abgeschlossen; die innere Begründung der Handlung, ihre Anschaulichkeit und menschliche Wahrscheinlichkeit, die ergreifende Lebenswahrheit des Helden, für dessen Wohl und Wehe wir uns begeistern sollen, das sind die Hauptbedingungen seiner Wirkung und seines Erfolges. Im Roman hingegen wird der einzelne Vorfall zur Episode in einer fortlaufenden Kette von Ereignissen; die allgemeinen Voraussetzungen, die im Epos nur vage angedeutet waren, werden hingegen hier zum Faden der Handlung und gestalten sich zu leitenden Grundgedanken des Ganzen. An Stelle der menschlichen Wahrscheinlichkeit tritt die historische; der zeitgeschichtliche und politische Zusammenhang der Ereignisse muss in die Erscheinung treten. Da genügt es nicht mehr, dass eine Geschichte fesselnd oder ergreifend ist; wir wollen wissen, wie und warum die Begebenheiten eintreffen, welche Faktoren wirksam waren, weshalb andere nicht hindernd eingriffen. Statt der behaglich breiten Erzählung verlangen wir zu sehen, wie die Fäden der Ereignisse vielverschlungen durcheinandergreifen, wie das Wechselspiel der treibenden Kräfte bald Verwirrung und Unheil droht, bald dem Triumph entgegenführt. Dazu kommt, dass der Romanschreiber sich auf ein sprödes und widerspruchsvolles Material stützt; es handelt sich oft darum, Epenstoffe, die kein inneres Band verknüpft, in einander zu verarbeiten und mit einander in Einklang zu bringen, die nötigen Situationen auf natürlichem Wege zu schaffen und Helden zur rechten Zeit einzuführen oder abtreten zu lassen.

Unter diesen Umständen ist es die erste Pflicht des Forschers, sich den inneren Zusammenhang des Romans zu veranschaulichen, um zu sehen, inwiefern seine Besonderheiten durch die Anlage des Ganzen, durch die Natur des chronikartigen Berichts, durch die leitenden Ideen und Anschauungen oder die Manier des Verfassers bedingt sind. Wo man dann die Benutzung einer anders gearteten Quelle vermutet, wird man sich fragen müssen, ob die abweichende Darstellung der Prosaerzählung, mit welcher man diese Quelle nachzuweisen gedenkt, in einem Epos, in einer geschlossenen poetischen Erzählung auch möglich wäre. Endlich, wenn ein fremdes Zeugnis unsere Vermutung zu bestätigen scheint, müssen wir uns hüten, allgemeine, abstrakt formulierbare Uebereinstimmungen für beweiskräftig hinzunehmen, ohne

uns die konkrete dichterische Ausführung vor Augen zu
führen, oder unsere Schlüsse auf solche Züge zu bauen, bei
denen das Gemeinsame durch besondere Ursachen bedingt,
mithin zufällig ist. Ohne diese Vorsichtsmassregeln setzt
man sich dem Vorwurf der Uebereilung aus.

Erstes Buch.

Das erste Buch verwebt den Stoff des *Macaire* mit dem
des *Département des enfants Aimeri*, so dass der Anschlag
der Maganzesen gegen die Königin und ihr schamloser
Usurpationsversuch das erste Auftreten der Söhne Aimeris,
ihr erstes Eingreifen in die Geschicke Frankreichs und in
den grossen Kampf zwischen Christentum und Unglauben
veranlasst.[1]

Es kann natürlich keine Rede davon sein, dass diese
beiden Epenstoffe schon in der französischen Vorlage vereinigt waren. Den *Macaire*, das wissen wir, kannte Andrea aus
der frankoitalienischen Kompilation der Hs. San Marco XIII,
es ist also einer der ersten Epenstoffe, die ihm vorlagen.[2]
Dass er ihn erst hier, nach der Geschichte von Anseis an-
bringt, hat seine guten Gründe. Das Kind, das die Königin
in der Verbannung zur Welt bringt, ist ja Ludwig, der
nach der Sage bei der Thronbesteigung noch unmündig ist,
also von Karl im hohen Alter gezeugt sein muss. Andererseits hat Wilhelm, dessen grosse Rolle beim Regierungs-
wechsel beginnt, damals schon eine bedeutende Jugendzeit

---

[1] Vorausgeschickt ist eine kurze Skizze von Wilhelms erster
Begegnung mit dem Kaiser (c. I): Bei der Rückkehr vom zweiten
spanischen Feldzug, Anseis zu Hülfe, besucht Karl Narbonne; der
sechzehnjährige Wilhelm hebt den greisen Herrscher aus dem Wagen
und trägt ihn hinauf in den Palast; freudig bewegt segnet ihn der
Kaiser und verspricht ihm nach Ogiers Tod die Bannerträgerwürde
der Kirche. Der Zug ist hübsch; jedermann sieht aber, dass er
nur von demjenigen erfunden sein kann, der *Anseis* mit den Narbonner-Epen kombinierte. In der französischen Sage ist kein Platz
für diesen Besuch in Narbonne.

[2] Die andern Bestandteile dieser Kompilation wurden in
Buch IV und VI der *Reali di Francia* verarbeitet. *Macaire* ist die
in Italien angefertigte Bearbeitung der *Reine Sibille*, eines verlorenen,
aber gut bezeugten französischen Epos.

hinter sich. Nun ging es aber schwerlich an, die Jugendthaten der Söhne Aimeris vor dem zweiten spanischen Kriege spielen zu lassen, weil Anseis noch mit dem Marsilius des Rolandsliedes kämpft, während als Gegner der Narbonner eine neue Heidenwelt auf den Plan tritt. Es ist also geschickt kombiniert, wenn Andrea die Handlung des *Macaire* und des *Département* nicht nur in zeitlichen, sondern auch in kausalen Konnex bringt und sie chronologisch nach den Anseisschen Irrungen ansetzt.

Der frankoitalienische *Macaire* schilderte im Einklang mit seinem französischen Vorbilde eine sündhafte Liebe, die sich weil unerwidert von Verbrechen zu Verbrechen treiben lässt, bis ihr durch die Treue eines Tieres ihre verdiente Strafe wird. In den Storie Nerbonesi fällt das allgemein menschliche der Erzählung weg und macht dem politischen Intrigenspiele der Mainzer Platz. Karl hat auf Anraten seiner Barone die Tochter des Kaisers von Konstantinopel zur Frau genommen, weil er bisher ohne Leibeserben ist.[1]) Sobald die Königin schwanger wird, regt sich die Heimtücke der Mainzer, da die Geburt eines Knaben ihre geheimen Hoffnungen auf die Krone vernichten muss. Nun ist es aber nicht Macaire, sondern Renier (Rinieri) von Mainz, der die Initiative ergreift und die Ausführung des Verbrechens übernimmt; Renier verleumdet die Königin, tötet ihren Begleiter und verfällt auch der Strafe, während Macaire (Macario) im Besitze der usurpierten Macht bleibt. Diese Ummotivierung der Erzählung und ihre Uebertragung auf eine Nebenperson ist nur im Zusammenhang des Romans erklärlich. Denn in dieser Auffassung ordnet sich die Erzählung vollständig dem leitenden Gedanken des Romans unter, welcher der Gegensatz zwischen Königstreuen und Mainzern ist. Da nun das Verbrechen politischem Ehrgeize dienen und die Schuld der Mainzer erst durch die jungen Narbonner Helden gesühnt werden soll, so konnte es nicht

---

[1]) Die Königin heisst hier Belissent (Belisante), offenbar weil der Verfasser unseres Romans an dem durch seine Quelle gebotenen Namen Blanchefleur Anstoss nahm, da dieser der Gemahlin Ludwigs zukommt.

vom Haupte der Mainzer Familie unternommen werden, weil mit dessen Bestrafung der Usurpationsversuch niedergeschlagen war; der Verleumder musste eine Nebenperson sein, die geopfert werden konnte, ohne dass die Mainzer dadurch die Frucht ihrer Missethat einbüssten; und nun scheint es mir psychologisch wohlverständlich, dass Andrea die Rolle des Familienoberhauptes dem vom Dichter gegebenen, also lebensvoll dastehenden Macaire gab und die Verbrecherrolle auf eine unbedeutende, selbsterfundene Persönlichkeit abschob.[1])

Nachdem die unschuldige Königin vertrieben ist und die Mainzer die Gewalt im Reiche an sich gerissen haben, muss nun das Feld für das Auftreten der Söhne Aimeris vorbereitet werden. Der voraufgehende Band des Romans, la seconda Spagna, schloss mit der Unterwerfung Spaniens durch Karl, was zur Voraussetzung der Narbonnersagen durchaus nicht passt. Dem abzuhelfen, lässt Andrea Tibaut (Tibaldo) von Arabien auf Anreizen der Mainzer in Spanien einbrechen, das ganze Land bis auf Pamplona zurückerobern und auch im unteren Rhônegebiet siegreich vordringen. Da indessen seine Gegenwart für das Weiterspinnen der Macaire-Geschichte störend wäre, entfernt er ihn wieder auf eine Zeit, indem er ihn Verstärkung zur Belagerung von Avignon aus seiner Heimat holen lässt. (c. VIII. XIII. XIV).[2])

---

[1]) Wie geschickt Andrea seine Erzählung kombiniert, kann man sehen, wenn man seine Aufmerksamkeit auf die Einzelheiten richtet. So hat z. B. ursprünglich Renier die Absicht die Königin zu vergiften; in diesem Vorhaben sucht er den Umgang mit ihrem Vorschneider Almieri di Spagna (Albaris im *Macaire*, Aubri de Montdidier in *Reine Sibille*); arglos führt ihn dieser mehrmals ins Zimmer des Königs bei dessen Aufstehen und Ankleiden; jetzt erst taucht in Renier der teuflische Plan auf, den Zwerg ins Bett der Königin steigen zu lassen (c. IV). Oder wie Renier ergriffen und dem Gerichte überliefert wird, fügt Andrea feiner Weise hinzu: e nota ch'alcuno dice che quando fu preso Rinieri 'l Danese lo pigliò in persona, prechè nessuno non ardiva di pigliarlo per paura degli uomini maganzesi (c. VII); denn ohne diese Bemerkung würde man fragen, warum die Mainzer die Bestrafung eines ihrer Angehörigen zugaben.

[2]) Nicht alle Eroberungen macht Tibaut selber; Orange z. B. ist in den Besitz Rambaldos di Rama gelangt. Um sich diese für den Angriff auf Avignon wichtige Stadt zu sichern, verlobt sich

Die neue Sachlage ist hiermit geschaffen: Marsilius hat schon beim letzten spanischen Zuge den Untergang gefunden; Tibaut und seine Sippe haben jetzt neue Fremdherrschaften begründet. Nun leben aber auch auf christlicher Seite noch einige Helden, deren Rolle abgespielt ist. Vor Beginn der neuen Wirren gehen Salomon von Bretagne und Anseis durch natürlichen Tod ab. Ogier (Ugieri) bleibt vorläufig noch, doch machen ihn die Mainzer unschädlich, indem sie ihn als Befehlshaber nach Navarra schicken. Naimon (Namo), der bei der Rückkehr der Königin noch mitzuwirken hat, wird einstweilen verjagt. (c. VIII. IX).

Inzwischen hat die Königin bei einem Köhler Unterkunft gefunden und Ludwig in der Einsamkeit sein siebentes Jahr erreicht, als der König von Ungarn eines Tages in jenem Walde jagen kommt, und eine Reihe von Umständen die Königin zwingt, ihren hohen Stand zu offenbaren.[1] Sofort bietet der König ein Heer auf, um Karl von seinen Bedrängern, den Mainzern, zu befreien. Aimeri und die Seinen sind ihm aber bereits zuvorgeeilt. (c. X—XIII).

Das Blutvergiessen womöglich zu verhindern, hat sich Aimeri (Amerigo) nach Paris begeben, musste sich aber beleidigt und seinen Groll verbeissend entfernen. Mit blutiger Wange kehrt er heim, antwortet auf Fragen nur mit Zornesausbrüchen, sucht die Kammern seiner Söhne ab, tötet Falken und Sperber und wirft das Geräte zum Vogelfang weg, lobt hingegen Aïmer (Namieri) und Wilhelm, bei denen er nichts als Waffen findet; dann erprobt er die sechs älteren Brüder in einem Turnier und giebt Aïmer seinen

---

Tibaut mit Orable (Orabile), verspricht aber, sie nicht heimzuführen, bevor er Avignon erobert habe. Dappoiche T. per promessa fatta ebbe tolta O. per moglie, promise di non la menare, s'egli, ecc. Die Ehe wird also nicht vollzogen. Ed. Isola I, 38. 40.

[1] Die Darstellung weicht hier beträchtlich von der des *Macaire* ab. Der Hauptanlass zur Abänderung war augenscheinlich der, dass Ludwig nicht gleich nach der Taufe erkannt werden durfte; denn die Herrschaft der Mainzer musste längere Zeit dauern, damit sich alle die obenerwähnten Zwischenfälle, die Rückeroberung Spaniens und die Invasion Südfrankreichs, vollziehen konnten.

Fluch, weil er nicht alle Kraft gegen ihn einsetzt.¹) Darauf lässt er sie geloben, nicht heimzukehren, bis Karl wieder in seine Herrschaft eingesetzt ist, und so schickt er sie fort. (c. XV—XX). Wohlgemut machen sich die jungen Leute auf den Weg, weisen den Seneschal, den ihnen die Mutter mit Kleidung und Geld nachschickt, grob zurück, verbringen die erste Nacht in Santo Antonio, dessen Abt ihre Freunde in Paris benachrichtigt und mit ihnen aufbricht. In Paris lassen sie sich durch einen Greis den Palast Rolands weisen, in welchem sich die Mainzer eingerichtet haben; der Zufall will es, dass es derselbe Argentino ist, der den Palast gebaut, einst ein reicher Kaufherr, jetzt durch die Mainzer zum Bettler gemacht. Mit Hilfe ihrer Freunde und der Bevölkerung, die begeistert für sie Partei ergreift, säubern sie Rolands Palast, dann den Hof und die Stadt von den Verrätern; nur Macaire entkommt dank dem Mitleide des Kaisers. Dieser erhält die Krone zurück. (c. XX—XXIV, XXVI—XXVII.)²)

Eben jetzt trifft der Bote de· Königs von Ungarn ein, und, wenn seine Herausforderung an die Mainzer zu spät kommt, so bringen die Nachrichten von der vertriebenen Königin und ihrem Sohne Ludwig um so grössere Freude. Man sendet ihnen entgegen, und Wilhelm gelobt, wie er Ludwig im Lager erblickt, stets sein Verteidiger zu sein.

---

¹) Commandoti, sagt Amerigo, che ti facci chiamare il cattivo Namieri, e commandoti, quando tu sarai fatto cavaliere, non alberghi mai in terra murata, ne mangiare in tavola aparecchiata, che non debbi mai tenere terra da uomo del mondo. Ed. Isola, I, 53.

²) Im c. XXV wird erzählt, wie Karl auf das Gerücht der Vorfälle im Palaste Rolands Ogier, der Tags zuvor, aber mit geringem Gefolge eingetroffen war, hinschickt, um die sechs Brüder vor sich zu laden. Diese wollen weder kommen, noch ihre Namen nennen. Karl beschimpft Ogier und ruft im Zorn: Or va, e fatti romito. Ogier hegte schon lange den Vorsatz, Einsiedel zu werden. Jetzt führt er ihn aus, e da questo punto in qua non si seppe che fusse dell detto Danese. Man sagt, er sei nach Toskana gegangen, Busse zu thun. — Aus diesem Bekenntnis seiner Unwissenheit wird man kaum schliessen dürfen, dass Andrea ein *Moniage Ogier* kannte.

Karl aber macht die sechs Brüder zu Rittern des goldenen
Sporns und ernennt Wilhelm zum Bannerträger des Reichs,
Senator von Rom und Heerführer der Christenheit und ver-
leiht ihm Rolands Hinterlassenschaft. (c. XXVIII.)

Zu Beginn des neuen Jahres bitten die übrigen Brüder
den Kaiser jeder um zehntausend Ritter, um eine der von
den Sarazenen eroberten Städte zu befreien.[1]) Bernart
zieht vor Brusbante, lässt sich aber beim Beutemachen
überraschen und vermag nur mit Wilhelms Hilfe die Stadt
zu bezwingen; der Kaiser giebt ihm seine Tochter Lisabetta,
die ihm zwei Kinder schenkt, Bertran (Beltramo il Timonieri)[2])
und Lucidiana. Bovon findet Commarcis gut verteidigt und
muss ebenfalls Wilhelm um Unterstützung bitten. Hernaut
überrascht Gironde, während Alepantino im Grünen seine
Hochzeit mit der Tochter des Sultans von Babilonien feiert;
diese fällt in Hernauts Gewalt und wird seine Gemahlin
und Mutter Vivianos de la ciera grifagna und Guidolino
Baschiers.[3]) Garin gerät in Gefangenschaft und wird durch
die vereinten Anstrengungen der übrigen Brüder befreit;
er heiratet die Tochter des Königs von Anseune, Sbravieri,
die sich des Gefangenen erbarmt hatte.[4]) Die grössten Er-
folge erzielt aber Aïmer, der mit fünfzehntausend Mann,
lauter verzweifelten Existenzen, ins Herz von Spanien ein-
dringt, Altomarino und den Cievo di Spagna am Ebro

---

[1]) Die Eroberung dieser Städte erwähnt der Roman z. T. c. XIV
Schluss; es ist ersichtlich, dass Andrea da Barberino sie sich alle
nach der spanischen Grenze zu gelegen denkt. Er identifiziert
Commarcis (Gormarisi) mit Lunesi (?), Gironda mit Murlens (?),
Anseune (Ansedonia) mit San Sebastian.

[2]) Der Beiname ist der Landris in der Synagon-Episode des
Moniage.

[3]) Dieser Viviano della ciera grifagna, nicht zu verwechseln mit
Garins Sohn Vivien, ist den französischen Liedern unbekannt.
Guidolino dürfte Guielin sein, der nach den französischen Epen
Bernarts Sohn ist.

[4]) Nach der französischen Tradition hat Garin die Tochter
Naimons von Bayern geheiratet; von den verschiedenen Versionen
des *Département* bietet die Hs. B. N. 1448 allein diesen Zug; die
anderen lassen ihn als Erbe von Aimeris Schwiegervater nach Pavia
gehen.

erobert, mit den erworbenen Schätzen neue Söldner wirbt und mit diesen und zugezogenen Freiwilligen Rambaldo und seine vor Pamplona zusammengezogenen Truppen in einer grossen Feldschlacht vernichtet und den grössten Teil von Spanien unterwirft. (c. XXIX—XLVI.)

Soweit unser Roman! Vergleichen wir nun diese Erzählung mit dem *Département*,[1]) so müssen wir zunächst alles, was zur Verkittung mit *Macaire* dient, als Eigentum des Italieners festlegen, nämlich Aïmeris Einmischung, seine Beleidigung durch Arnold von Mainz, das Probeturnier und Aïmers Fluch, endlich die Bezwingung der Mainzer Verschwörung, welche die Erkenntlichkeit des Kaisers rechtfertigt. Seiner Quelle hat also Andrea nur die nackte Thatsache entnommen, dass die sechs Jünglinge nach Paris an den Hof kommen, um von Karl Lehen zu erhalten.[2]) Auch im Liede wird Wilhelm das Banner verliehen.[3]) Von den anderen Brüdern werden aber vier durch günstige Heiraten befriedigt; nur Aïmer verschmäht trotzig die Anerbietungen des Kaisers: er will Spanien erobern, dieses sei sein Anteil; in keinem Bette wolle er liegen, bevor er nicht alle Heiden verjagt habe; und so zieht er mit dreitausend Rittern und ebenso viel Fussvolk aus, um sein Vorhaben ins Werk zu setzen. Wie man sieht, hat auch hier Andrea alle Einzelheiten verschoben, um sie im Sinne seines Grundmotivs zu orientieren; die Unternehmungen der fünf Brüder bezwecken

---

[1]) Der Vergleich wird dadurch erschwert, dass das *Département* in drei Fassungen vorliegt. Vielleicht lag Andrea eine der Hs. B. N. 24369 verwandte Fassung vor; hier gehen nämlich auch die Söhne zusammen an den Hof, und Karl verfügt über ihre Zukunft. Inhaltsangaben giebt L. Gautier, Epop. IV, 309—319, I, 497—501.

[2]) Wir haben gesehen, wie die Söhne die nachgeschickten Gaben der Mutter brüsk zurückweisen. Diesen Zug bietet die Hs. Harl. 1321 auch (Gautier, Epop. IV, 312). Dass er der Hs. B. N. 24369 fehlt, ist vielleicht nur Zufall, sie sagt überhaupt kein Wort von der Reise der Söhne; das dürfte eine Lücke sein, die möglicherweise ihre Verwandten nicht boten.

[3]) Gautier, Epop. IV, 314: Les enfants d'Aimeri arrivent à la cour, et le Roi, tout d'abord, prend Guillaume par le menton. Il lui donne le quart de la France à gouverner et le fait son gonfalonnier. — Wir sahen, wie der Italiener zu diesem Behuf Ogier verschwinden lässt.

lediglich die Rückeroberung der von den Heiden unterjochten Lande und sind daher nach einem Schema gemodelt; trotz dieser Einförmigkeit, ist die Erzählung nicht eintönig, denn gerade in solchen Schilderungen von Schlachten und Kämpfen versteht und liebt es unser Italiener, seine Kunst zu zeigen und die Unerschöpflichkeit seiner Erfindungsgabe zu offenbaren.

Besonders ausführlich hat Andrea Aïmers Zug nach Spanien beschrieben; er geht darin weit über das hinaus, was das *Département* bietet. Dabei ist zu bemerken, dass nur die eine Fassung dieses Liedes, nämlich die der Hs. B. N. 24369, Aïmer thatsächlich zur Eroberung von Spanien ausziehen lässt, und es springt in die Augen, dass es nur eine jüngere Entstellung ist. Das zeigt sich nämlich darin, dass der *Siège de Narbonne*, die unmittelbare Fortsetzung des *Département*, Aïmer nach der Entsetzung Narbonnes, zu der er mit seinen Brüdern beigetragen, nicht nach Spanien, sondern nach Venedig gehen lässt, und dies speziell auch in der erwähnten Handschrift. Hierin steht nun der *Siège de Narbonne* im besten Einklang mit der sonstigen Tradition.[1] *Guibert d'Andrenas* ist das einzige Lied, welches Aïmer in Spanien ein Freibeuter- und Abenteurerleben führen lässt, während die übrigen Denkmäler Italien und insbesondere Venedig als Schauplatz seiner Thaten angeben.[2]

Wie wir sehen werden, kannte Andrea auch den *Guibert d'Andrenas*; seine Vorstellungen von Aïmers Leben und

---

[1] Sowohl *Aimeri de Narbonne* v. 4596 als *Aliscans* v. 4178 und Alberich von Troisfontaines MGh. SS. XXIII, 732 sind in diesem Punkte einig. Vgl. Aimeri de Narbonne ed. L. Demaison I, ccxiii, speziell Anm. 2.

[2] Im *Guibert d'Andrenas* (ms. B. N. 24369) ist Aïmer bis über Balaguer in Spanien eingedrungen, so dass niemand weiss, wo er sich herumtreibt (f⁰ 159b); desshalb kennt er auch alle Wege und Pfade bis ans Meer (f⁰ 163b). Es unterliegt keinem Zweifel, dass die erwähnte und nicht einmal konsequent durchgeführte Aenderung in der einen Fassung des *Département* mit Rücksicht auf *Guibert d'Andrenas* vorgenommen wurde. — Auch im *Siège de Barbastre* wird Aïmer im Herzen von Spanien angetroffen; er hat sieben Jahre um Burriana gekämpft und kehrt eben nach Narbonne zurück (ib. f⁰ 139c — 140a).

Thaten können also wohl zum Teil von diesem Liede herrühren, ja man kann seine Erzählung überhaupt als freie Ausführung der aus *Guibert d'Andrenas* und der durch dieses Epos beeinflussten Stelle des *Département* geschöpften Anregungen betrachten. Denn die betreffenden Kapitel bieten nicht einen einzigen Zug, der spezifisch episch wäre, im Gegenteil! Die entgegengesetzte Hypothese, dass Andrea ein in Spanien spielendes Aïmerlied kannte, entbehrt jeder Stütze, weil *Guibert d'Andrenas* mit seiner Auffassung ganz isoliert einer Reihe von guten Zeugnissen gegenübersteht, die einhellig für ein um Venedig spielendes Aïmerlied sprechen. Es müsste ein ausserordentlicher Zufall gewaltet haben, damit Andrea eben jenes sonst nicht bezeugte, also wenig verbreitete spanische Aïmerlied auf dem Büchermarkt vorgefunden hätte. Und diese innerlich so unwahrscheinliche Annahme ist völlig überflüssig, da Andrea in den ihm vorliegenden Epen des Aimerizyklus die nötigen Anregungen alle fand, um sich seine Geschichte so zurecht zu legen, wie er es gethan hat.

Es bestätigt sich also vollauf, was wir von vornherein vermuteten, dass nämlich Andrea da Barberino seiner Quelle nur einige allgemeine Momente und vereinzelte Züge entnimmt; im übrigen verfährt er so selbständig wie nur denkbar. Sein Werk und Eigentum ist die ganze Ausführung, sowohl die Verkettung und Motivierung der Begebenheiten im allgemeinen als ihre Schilderung im Detail.

Zweites Buch.

Der erste Teil des zweiten Buches (c. I—XXII) giebt den *Siège de Narbonne* wieder. Dieses Epos, die unmittelbare Fortsetzung des *Département*, schildert, wie die Sarazenen Aimeri während der Abwesenheit der älteren Söhne in Narbonne belagern, wie Guibert, der Jüngste, den man am Kampfe nicht teilnehmen lassen will, seinen Lehrer totschlägt, Waffen ergreift, sich in die Schlacht stürzt, aber gefangen genommen und ans Kreuz geschlagen wird, wie Aimeri ihn befreit und der in die Hände der Christen gefallene Arzt Fourré seine Wunden heilt, wie dann Guibert und sein Neffe Romans sich durch das feindliche Lager schleichen, um in

Paris Hülfe zu holen, wie Karl, den der Ausbruch des Sachsenkrieges abhält, seine Barone mit den am Hofe weilenden Söhnen Aimeris nach Narbonne schickt, wo sie den Ungläubigen eine gewaltige Niederlage beibringen.[1]) Diese Züge finden wir ziemlich alle in Andreas Erzählung wieder, aber mit charakteristischen Veränderungen. Zunächst sehen wir die Fürsten, die Aimeris Söhne aus Brusbant, Commarcis, Gironde, Anseune und Spanien vertrieben haben, hülfeflehend beim Sultan von Babilon erscheinen, weil sie sich scheuen Tibaut vor die Augen zu treten. Der Sultan entsendet seinen Sohn Lionfero mit 200000 Mann. Guiberts (Ghibellino) Lehrer kommt mit einer Ohrfeige davon; die Kreuzigung wird peinlich verlängert. Vom Arzte Folieri wird gemeldet, dass er ursprünglich Christ war und in Gironde in die Hände der Heiden geriet; er soll als Leibarzt Aimeris den Bericht dieser drei ersten Bücher der Storie niedergeschrieben haben. Nach Paris sendet Aimeri einen Getreuen, Aliscardo, dessen Frau Aïmer als Amme gesäugt; Wilhelm schickt diesen zu seinen Brüdern in den jüngst von ihnen eroberten Städten herum. Aïmer, den er zuletzt aufsucht, verweigert jede Hülfe; nachträglich bereut er aber seine Härte und führt zum Heil für die Seinen einen bedeutenden Truppenkörper herbei und errettet zur guten Stunde Wilhelm aus einer fast verzweifelten Lage.

Bei diesen Umgestaltungen ersieht man zuerst das Bestreben, das Auftreten Tibauts bis zum geeigneten Momente hinauszuschieben. Dann bemerken wir, wie Nebenfunktionen auf untergeordnete dienstbare Geister (Aliscardo) abgeschoben werden, was im Heldenliede unstatthaft wäre. Besondere Mühe hat Andrea darauf verwendet, die Entscheidungsschlacht kunstgerecht vorzubereiten, wie er ja überhaupt ein Meister

---

[1]) Garin ist gleich zu Anfang zur Unterstützung Aimeris herbeigeeilt; in Paris trifft Guibert seine Brüder Bernart, Hernaut und Wilhelm. Im letzten Kampfe tritt aber auch Aïmer auf, ohne dass es ersichtlich wäre, woher er kommt. Diese Unklarheit kommt daher, dass die Hs. B. N. 24369 durch jene willkürliche Aenderung im *Département* Aïmer sofort zur Eroberung von Spanien hat ausziehen lassen, während er nach der ursprünglichen Fassung dieser Epen unzweifelhaft in Paris geblieben sein wird.

in strategischen Kombinationen ist. Vor allem hat er aber verstanden, die eintreffenden Ereignisse einem höheren Zwecke dienstbar zu machen, indem er Aimeris Notlage gewissermassen als Strafe für die Härte gegen seine Söhne erscheinen lässt, und als schönsten Erfolg des Sieges die Versöhnung zwischen Vater und Kindern herbeiführt, was namentlich in der Begegnung mit Aimer zu hochpathetischen Scenen Anlass giebt. Als gewissenhafter Chronist vergisst er dabei die notwendige Vorbereitung der späteren Ereignisse nicht; hatte der französische Dichter auch Huon de Florenville an der Entscheidungsschlacht teilnehmen lassen, so erwirbt er im Roman solche Verdienste, dass Aimeri sich veranlasst sieht, ihm seine ältere Tochter Brunetta zur Frau zu geben. Diese wird Foucons Mutter, des Helden von Candia, und Karl verleiht dem neuen Paar die Stadt Toulouse.

Diese Bemerkungen genügen wohl, um zu zeigen, wie Andrea selbst in dem Fall, dass er den Faden der Erzählung nach seiner Quelle treu beibehält, in der Ausführung seine volle Selbständigkeit zu wahren weiss und nie das Gesamtinteresse und den Zusammenhang seines Romans aus den Augen verliert.

Ganz frei sind die folgenden Abschnitte (c. XXIII—XXXII) erfunden. Der Sultan von Babilon verabredet jetzt mit Tibaut einen gemeinsamen Zug gegen Aimer und trifft auch zur vereinbarten Zeit mit seinem Heer in Spanien ein. Aimer eilt nach seinem bedrohten Reiche, sieht sich aber einer solchen Uebermacht gegenüber, dass weder er noch Wilhelm, der vergebens versucht hatte, seine Brüder und den Kaiser zu aktiver Teilnahme zu bewegen, und sich schliesslich mit schweren Verlusten in das belagerte Pamplona geschlagen hatte, ihr gewachsen sind. Noch einmal sucht Wilhelm Unterstützung in Frankreich, diesmal mit besserem Erfolg. Karl indessen ist abgehalten; eine Fehde zwischen Gent und Köln ruft ihn nach Flandern; von dort führt ihn eine Vision nach Arles, um für die dort ruhenden Gefallenen von Roncevaux Messopfer darzubringen, und, nachdem er dem heiligen Aegidius gebeichtet, seine auf den 25. Juni des Jahres 827 angekündigte Todesstunde abzuwarten; damals verlegte Hadrian auch den päpstlichen Stuhl nach Avignon.

Inzwischen ist Wilhelm nach Spanien zurückgekehrt, eine mörderische Schlacht ist unter den Mauern von Pamplona geliefert worden und der Sultan hat in der Nacht den Rückzug eingeschlagen und Spanien wieder verlassen. Dass Tibaut sein Versprechen nicht gehalten und so das Scheitern des Unternehmens verursacht hatte, hatte seinen Grund in einem Angriff der Epiroten, Albanesen, Slavonier und Peloponesier auf Candia, der ihn in einen fünfjährigen Krieg mit jenen Staaten verwickelte. Damals fiel der König von Candia, und die Herrschaft über die Insel wurde dessen minderjährigem Töchterchen übertragen, jener Anfelise (Anfelizia), die später Foucon heiratete.[1])
Der Schluss des zweiten Buches (c. XXIII—XLV) entspricht dem *Couronnement de Louis*, wenn auch die Aehnlichkeit sehr gering ist. Karl beruft seine Barone nach Arles und vereinigt sie im Frauenmünster; er möchte Ludwig einen Vormund geben, der sieben Jahre, bis zu dessen Krönung, das Reich verwalten soll. Macaire von Lausanne bietet sich an, doch Karl lehnt dankend ab und wendet sich an Wilhelms Brüder, an den König von Ungarn und andere Getreue; alle finden die Last zu schwer. Wilhelm war in Spanien geblieben; ein Gesicht bestimmt ihn nach Frankreich zu kommen; er trifft am zweiten Verhandlungstag ein und ist gleich bereit, das Amt des Reichsverwesers zu übernehmen; er lässt sich aber die Krone nicht aufsetzen, sondern nimmt sie bloss auf den linken Arm. Jetzt macht Karl sein Testament, verlobt noch Elias von Orléans mit Ludwigs Schwester Elizia und verleiht Guibert zehntausend Ritter, um Andrenas zu erobern; dann stirbt er und wird mit Ehren bestattet; Wilhelm hielt angeblich den Ort seiner Beisetzung geheim. Nun begiebt sich Wilhelm mit Ludwig nach Paris, bestellt ihm seine Brüder Bernart und Bovon zu Erziehern und lässt ihm von allen Baronen Treue geloben.[2])

---

[1]) Dieser Krieg Tibauts ist unserem Italiener offenbar durch die Verwechslung des Escler und Esclavonie unserer Epen mit Slavonien eingegeben worden.

[2]) Erwähnt sei, dass in diesen und den folgenden Kapiteln Richard von der Normandie (Riccieri und Riccardo genannt) unter den Getreuen des Kaisers genannt wird.

Dass diese Erzählung unserem *Couronnement* ähnlich sehe, wird niemand behaupten; noch weniger wird man indessen in ihr die getreue Wiedergabe eines anders gefassten französischen Liedes erblicken dürfen. Wenn L. Gautier (Epopées IV, 341) meint, nichts sei epischer als die Scene in Santa Maria, wie der Kaiser den Baronen die Vormundschaft anbietet, so verwechselt er wohl episch mit pathetisch. Ich kann mir kein französisches Epos denken, dessen Gegenstand und ganze Handlung die Bestellung eines Vormundes wäre; niemals hätten sich französische Hörer ein Lied gefallen lassen, wo der Aufschub der Krönung des rechtmässigen Thronerben von vornherein beschlossene Sache gewesen wäre und es sich nur um die richtige Wahl des Reichsverwesers gehandelt hätte. Und dann, wer sonst als der Italiener sollte Macaire, den König von Ungarn und die sechs Brüder Wilhelms in die Erzählung eingeführt haben? Es ist klar, dass der Verfasser der Storie hier wie überhaupt das poetisch Wirksame weggelassen hat, um der Staatshandlung ein politisches Gepräge zu geben. Wir erkennen einmal mehr seine unbedingte Selbständigkeit und die charakteristische Verschiebung alles Epischen zum Historisch-staatsmännischen.

Drittes Buch.

Der Anfang des dritten Buches erinnert an *Guibert d'Andrenas*; für den Rest kennen wir keine französische Quelle.

Die Eroberung von Andrenas ist rasch abgethan. Der König Apolinas ist verzagt, weil er weder von Tibaut noch aus Spanien Hülfe erwartet und das Glück und die Macht der Narbonner kennt. Darum setzt er alles auf einen Zweikampf, in dem er unterliegt. Für das Innehalten des Abkommens sorgt dann seine Tochter Chiaretta, die sich flugs in Guibert verliebt hat. Sie wird seine Frau und schenkt ihm Namerighetto und später Milon und noch acht Kinder. (c. I—III).

Einen Vergleich mit dem französischen Gedichte können wir uns wohl schenken.[1]

---

[1] Im *Guibert d'Andrenas* findet sich Baudus von Balesguez bereit seine Stadt auszuliefern und zum Christentum überzutreten; bei der Einnahme von Andrenas ist dann auch die Rede von einem

Je knapper sich Andrea hier, wo ihm ein Epos vorlag, gefasst hat, um so breiter wird er in den selbsterfundenen Geschichten, mit denen er die sieben Jahre von Wilhelms Vizekönigtum ausfüllt. Auf die Kunde von Karls Tod fällt der König der Berberei, dem auch Aragon, Granada, Nimes und Orange gehören, in Frankreich ein und lagert sich vor Toulouse. Wilhelm entbietet die christlichen Barone und rückt zwischen Avignon und Toulouse ins Feld, während sich Aïmer und Guibert nach Andrenas werfen, um den Feinden von beiden Seiten die Zufuhr abzuschneiden. Zwei Monate stehen sich die Heere gegenüber und schliesslich kommt es unter den Mauern von Toulouse zu einer blutigen, aber unentschiedenen Schlacht, in der diesseits Guibert, jenseits Borel in Gefangenschaft geraten. Während man über ihren Austausch verhandelt, treffen in Paris Guron von Bayonne (?), Ganetto von Ponthieu und Giulimer von Bayern, zum Heere ziehend, zusammen und glauben die günstige Gelegenheit wahrnehmen zu müssen, um sich der Person Ludwigs zu versichern, ihn krönen zu lassen und so der Herrschaft der Narbonner ein Ende zu bereiten. Bernart erfährt durch einen Neffen Argentinos (s. erstes Buch) von der Verschwörung, verlässt Paris mit Ludwig und begiebt sich heimlich nach Toulouse. Nun werden die Verhandlungen eilig beendet und ein fünfjähriger Waffenstillstand geschlossen, den Christen und Sarazenen durch ein gemeinsames Festmahl und Ringkämpfe feiern. Nach dem Abzug der Afrikaner und nach Auflösung des Christenheeres verfallen die Verschwörer der verdienten Strafe. (c. IV—XV).

Der König der Berberei hilft nun Tibaut seinen Krieg in Mazedonien und Epirus beenden, und wie die Vertragszeit abläuft, übergiebt er ihm Nimes und Orange als Mitgift Orables. Tibaut sendet zwei vornehme Sarazenen, Dragonetto und Arpirotto, dorthin; diese beginnen von neuem die Streifereien, wofür Wilhelm Rache schwört. (c. XVI—XVII).

der Obhut der Königstochter anvertrauten Thurm, in dem Aimeri eine Zeit gefangen ist; dort kommt auch Aimeriet vor als Pathenkind Aimeris, zu seinen Gunsten soll nämlich Guibert enterbt werden. Das ist alles, was im Roman an das Epos erinnert; alles übrige ist nach dem aus dem ersten Buche bekannten Schema erfunden.

Jetzt sind auch die sieben Jahre verstrichen, und Wilhelm beruft alle Barone zur Krönung Ludwigs nach Paris. Der Teppichschmuck des Festplatzes stellt die Geschichte der Juden, Heiden, Sarazenen und Christen dar (c. XIX—XXII). Wilhelm setzt Ludwig die Krone auf, der Papst befestigt sie. Die neue Generation der Narbonner erhält den Ritterschlag, und Ludwig heiratet Aimeris Tochter Blanchefleur (Biancifiore). Ein grosses Turnier wird abgehalten; Bertran (Beltramo il Paladino) teilt den Sieg mit Vivien, der später und unerkannt eingetroffen war und nach seiner Ausstattung den Beinamen *dell' argento* erhielt. (c. XVIII—XXIV).

Dieses dritte Buch kann ebenfalls zur Charakteristik unseres Romanschreibers und seiner Manier dienen. Es lehrt uns, wie für ihn die Einnahme von Andrenas, die dem Heldendichter Stoff zu mehreren Tausend Versen gab, nur ein Ereignis wie jedes andere ist; drei Kapitel genügen vollauf für seinen Bericht. Wichtiger ist ihm die Reihe von Jahren, die zwischen dieses Ereignis und das nächstfolgende, von dem ein Lied zu sagen weiss, hineinfällt. Für seine Erzählung giebt es eben keine Pausen und Sprünge. Traditionellen Wert kann ich diesen Kämpfen um Toulouse, womit das Intervall zwischen der Eroberung von Andrenas und der von Nimes und Orange ausgefüllt wird, oder den Anzettelungen der Mainzer gegen Ludwig oder dessen Mündigsprechung und Krönung nicht zuerkennen; doch würde es mich nicht wundern, wenn dies von anderer Seite geschähe; nur wäre ich dann auf die Rechtfertigung der Behauptung gespannt.

Viertes Buch.

Vom vierten Buche an beruft sich Andrea auf Uberto duca di San Marino als Gewährsmann; es ist leicht zu ersehen, dass dieser Name eine Entstellung des Herbert le duc von Dammartin ist, den man als Verfasser des *Foucon de Candie* kennt. Er tritt würdig neben den Leibarzt Folieri, dessen Werk er angeblich fortsetzt.

Das vierte Buch beginnt mit *Charroi de Nimes* und *Prise d'Orange* (c. II—XIII). Deutlich lassen sich die einzelnen Züge der französischen Dichtungen wiedererkennen;

aber bei keinem einzigen hat es sich der italienische Bearbeiter nehmen lassen, der Erzählung eine neue Wendung und einen anderen Geist zu geben.

Man wird nicht leicht die stolze Scene vergessen, mit der der *Charroi* anhebt: Bei der Verteilung der Lehen hat Ludwig Wilhelm übergangen, wo er ihm doch alles verdankt. In zornbebenden Worten wirft dieser dem König seinen Undank vor, lehnt alle Anerbietungen ab und verlangt für sich nur Nimes und Orange, die in der Macht der Sarazenen sind. In unserem Roman beschränkt sich Ludwigs Undankbarkeit darauf, dass er Wilhelm statt der schuldigen zehntausend Ritter nur dreitausend mitgiebt, was dieser demütig hinnimmt.

Im Liede fordert Wilhelm seine Neffen zur Teilnahme an seinem Eroberungszug auf, und da Guielin, der jüngere, zaudert, erhält er von seinem Vater eine derbe Maulschelle, die er den Ungläubigen zu vergelten schwört. Nach Andrea wünscht Bertran mitzugehen und bittet seinen Vater Bernart auf Wilhelms Geheiss um die Erlaubnis dazu, erhält aber vom erzürnten Alten eine Ohrfeige als Antwort, so dass sich Wilhelm ins Mittel legen muss.

Nach dem Liede flösst die Begegnung mit einer Bauernfuhr einem der Begleiter Wilhelms den Gedanken jener Kriegslist mit den in Tonnen versteckten Kriegern ein. Im Roman treffen die Franzosen einen aus Nimes flüchtig gewordenen Bürger, der ihnen von Arpirottos Unbeliebtheit bei der Einwohnerschaft Kunde giebt und sie gleichzeitig auf eine vor einigen Tagen gelöschte Schiffsladung von leeren Weinfässern aufmerksam macht.

Ziemlich getreu ist die Fahrt, Bertrans Ungeschick als Ochsentreiber und der Einzug in die Stadt wiedergegeben.[1]) Zum glücklichen Ausgang des waghalsigen Unternehmens trägt nach Andreas Erzählung hauptsächlich die Missstimmung der Bürgerschaft bei. Wilhelm lockt sie durch

---

[1]) Nach den Storie erhält Bertran bei dieser Gelegenheit den Beinamen *il timoniere*. Wenn wir uns daran erinnern, dass Landri in der Synagon-Episode des *Moniage* le timonnier heisst, so dürfen wir der Vermutung Raum geben, dass Andrea dieselbe kannte.

Auswerfen von Goldstücken herbei, damit sie Zeugen seien von Arpirottos Tod; in der That begrüssen sie ihn mit grossem Jubel und nehmen für die Christen Partei gegen Tibauts Soldaten.[1])

Bei der Wiedergabe der *Prise d'Orange* geht Andrea nur in den ersten Partien mit unserem Gedichte, im Schluss der Erzählung weicht er vollständig davon ab.

In beiden Darstellungen ist es zunächst ein dem Gefängnis entronnener Christ, welcher Wilhelms Aufmerksamkeit auf Orable lenkt. Nach den Storie ist dieser Gefangene der letzte überlebende Sohn Anseisens, den Tibaut seinerzeit bei der Eroberung Spaniens in seine Gewalt bekommen und Orable zum Geschenk gemacht hat (l. l c. VIII. XIV). Seine Befreiung verdankt er der Hungersnot, die nach der Eroberung von Nimes in Orange ausbricht und die Wächter des Verliesses flüchtig werden lässt.

Im französischen Gedichte verschafft sich darauf Wilhelm als Sarazene verkleidet Eingang in Orange, wird aber erkannt und gerät in grosse Gefahr; zum Glück gelingt es ihm mit Orables Hülfe, seinen Neffen Bertran zu benachrichtigen und mit Heeresmacht herbeizurufen. Andrea hat hier einen guten Einfall, der mit den früheren Voraussetzungen seiner Erzählung zusammenhängt; Wilhelm und Guido verkleiden sich als Pilger und geben an, sie seien auf der Rückreise von Jerusalem bei Ragusa gelandet, in Tibauts Hände geraten und gegen das Versprechen, nach Orange zu gehen und Orable eine Botschaft zu überbringen auf freien Fuss gesetzt worden. Diesen Zug wird schwerlich Jemand für alt halten; wir sehen aber, dass Andreas Quelle den Besuch ähnlich darstellte wie unser Gedicht und nicht etwa wie Ulrich von Türheim, nach welchem Wilhelm sich freiwillig gefangen nehmen lässt. Trotz der ungenügenden Verkleidung wird weder Wilhelm noch Guido erkannt; nur Orable hat gleich herausbekommen, wer ihr Gast ist; sie besitzt Wilhelms Bildnis, und da sie es auch im Herzen

---

[1]) Jeanroy, Romania XXVI, 5 Anm. 2, fragt, woher der Name Marette oder wohl eher Mailet kommen mag, den Arpirottos Bruder führt. Vielleicht hat ihn der Ochs Baillet (*Charroi* 1261) geliefert.

trägt, ist das Einverständnis zwischen den beiden Liebenden bald hergestellt.

Jetzt nimmt die Geschichte eine andere Wendung.

Wilhelm hat versprochen, sich vor den Thoren der Stadt mit Dragonetto zu messen; der Erfolg entspricht seiner hochgemuten Kühnheit nicht. Von seinen tausend Begleitern entkommt kein einziger; auch Guido fällt im Kampfe. Ganz allein und der Verzweiflung nahe kehrt Wilhelm nach Nimes zurück. Doch Bertran spricht ihm neuen Mut zu und veranlasst ihn, unverzüglich nach Paris zu gehen und Ludwig um Hilfe zu bitten. Höhnend empfängt ihn der König und verweigert ihm fernere Unterstützung: die Narbonner kosteten ihm zu viel Leute, sie griffen immer nach mehr, als sie halten könnten. Hell flammt Wilhelms Zorn auf, es fehlt wenig, dass er das Schwert zieht, an das er schon die Hand gelegt hat. Da tritt seine Schwester in den Saal, besänftigt den Zürnenden und bewegt Ludwig durch ihre Bitten, die gewünschte Unterstützung zu gewähren. Viertausend Ritter erhält Wilhelm teils vom König, teils von seinen Freunden und mit dieser Verstärkung gelingt es ihm auch, Orange zu erobern und den Tod seiner Waffengefährten zu sühnen. Orable lässt sich taufen und erhält den Namen Tiborga.

Wer diese Stelle liest, wird sofort und lebhaft an die berühmte Scene in *Aliscans* erinnert, wo Wilhelm ebenfalls allein das Schlachtfeld verlässt und nach einer kurzen Rast in Orange nach Paris eilt und von seiten Ludwigs und seiner Schwester die gleiche verletzend kühle Ablehnung erfährt, bis ihn der Zorn übermannt, und der Schrecken vor seinem Grimm das erreicht, was seine Bitten und seine Verzweiflung nicht vermocht hatten. Dass im Roman Blanchefleur statt Aelis die Rolle der besänftigenden Vermittlerin spielt, ist nebensächlich. Im ganzen genommen besteht kein Zweifel darüber, dass Andrea dieses Motiv aus *Aliscans* entlehnt hat.

Welchen Schluss sollen wir nun daraus ziehen?

Ich, für meine Person, betrachte die Lösung, die unser Romanschreiber der Eroberung von Orange giebt als eine willkürliche Aenderung an seiner Quelle, und ich finde diese

Aenderung aus verschiedenen Gründen begreiflich. Die Lösung unserer *Prise d'Orange* konnte dem Italiener schwerlich behagen; sie ist zu kompliziert, zu wenig anschaulich; sie setzt beim Hörer ein unerschütterliches Zutrauen zu dem Glück und der Kraft der Helden voraus, und die Wirkung des Schlusseffektes beruht darauf, dass im Moment der höchsten Not, wie Wilhelm den letzten Verzweiflungskampf beginnt, Bertran durch den geheimen Gang in die Stadt dringt und als Retter erscheint. Nun hat Andrea an dieser Art von Spannung und Ueberraschungen keine Freude, ihn reizen nur die grossen Kampfbilder, die regelrechten Feldschlachten mit geordneten Treffen und Ueberfällen aus dem gelegten Hinterhalt. Was Wunder, wenn er die auch für unsere Kritiker anstössige Darstellung des Liedes verwarf und sich mit Hilfe von *Aliscans* eine Lösung nach seinem Geschmack zurecht legte!

Jeanroy, dem diese Entlehnung nicht entgangen ist, beschränkt die Nachahmung auf den allerletzten Teil, auf die Niederlage und Hülfeforderung, während er die voraufgehenden Züge für das ursprüngliche Lied in Anspruch nimmt. Dieses soll nämlich im Gegensatz zu unserer *Prise d'Orange* den Vorgang so dargestellt haben, dass Wilhelm nach dem glimpflichen Ablauf seines waghalsigen Besuchs mit Heeresmacht wiederkehrte und die Stadt mit bewaffneter Hand eroberte. Eine Bestätigung dessen soll Ulrich von Türheim geben. Und die Unwahrscheinlichkeiten in den Schlusspartien des erhaltenen Gedichts liessen unzweideutig erkennen, dass es nicht die ursprüngliche Fassung sein kann.[1])

Zunächst muss ich bemerken, dass unsere *Prise d'Orange* zwar in hohem Grade abenteuerlich ist, dass sich aber gegen den Gang ihrer Handlung kein berechtigter Vorwurf erheben lässt. Wilhelm hört von Orables Schönheit und begiebt sich verkleidet nach Orange; es stellt sich heraus, dass die junge Sarazenin die Bande, die sie an den alten Tibaut ketten, wider Willen trägt; ihr wäre Soribant von Venedig lieber,

---

[1]) Romania XXVI, 5. 6.

Un baceler juene de barbe prime,
Qui de deport et d'armes sait bien vivre.

So schildert sie ihr eigener Stiefsohn. Jeanroy findet diese Stelle unerklärlich, „un passage qui ne s'explique nullement et n'en est que plus significatif".[1]) Das klingt mir seltsam. Ist es denn etwas neues, dass junge Frauen die Ehe mit einem alternden Manne nur mit Unlust eingehen und ihre Herzensneigung einem flotten Jüngling zuwenden, und dass erwachsene Söhne die unzeitgemässen Heiretsgelüste ihrer Väter missbilligen?

Trop par est fous vielz hons qu'aime meschine.

In unserer Dichtung hat diese Charakteristik Orables ihre Bedeutung: sie ermuntert Wilhelm zu seinem tollkühnen Vorgehen; sie macht uns begreiflich, warum Orable so leicht ihr Herz an den kühnen Abenteurer hängt, der ihr bis daher ein Fremdling war.[2])

Während des Gesprächs mit Orable wird Wilhelm erkannt; er lässt sich aber nicht ergreifen, sondern verjagt die Sarazenen aus Gloriette und lässt sich Waffen von Orable geben. Den Heiden gelingt es abermals einzudringen, doch werden sie mit Verlust zurückgewiesen; die drei Christen wagen sogar einen Ausfall und weisen das Anerbieten freien Abzugs höhnend ab. Da fällt einem Heiden der unterirdische Gang ein, der vom Palast nach Gloriette führt. Wilhelm und seine Begleiter werden überrascht und ergriffen. Orable, die sich unschuldig stellt, verlangt die Gefangenen für sich, und Arragon kann sie ihr nicht abschlagen. Während nun Arragon Tibaut von diesen Vorfällen in Kenntnis setzt, öffnet Orable den Kerker, nachdem sie sich von Wilhelm ein Eheversprechen hat geben lassen; sie entlässt Gillebert durch einen geheimen Gang aus der Stadt, um in Nimes Hülfe zu holen, und setzt sich mit den beiden anderen zum Essen. Aber ein Sarazene hat sie be-

---

[1]) Ibid. 7.
[2]) Auch daran nehme ich keinen Anstoss, dass Arragon zu Unbekannten so offenherzig spricht: denn es sind Tibauts Boten, und es wäre ihm ja lieb, wenn man seinem Vater seine Missbilligung kundgäbe. Und dann pflegen die Menschen in unseren Epen nicht eben ein Blatt vor den Mund zu nehmen.

lauscht und hinterbringt es Arragon. Noch einmal wird Wilhelm ergriffen. Was soll nun geschehen? — Faraon rät, man möge sie alle drei verbrennen; auch Jeanroy ist der Ansicht, dass dies jetzt geschehen müsste.[1]) Allein Esquanor hält es für eine Thorheit; Tibaut würde es übel nehmen, es sei besser seine Ankunft abzuwarten. Arragon stimmt zu: Mout bien avez jugié! und lässt Wilhelm, Guielin und Orable in den Kerker werfen. Aber die Sarazenen geben sich nicht zufrieden; sie zerren die beiden Christen wieder aus dem Kerker und verlangen von Arragon, er solle das Todesurteil über sie sprechen. Da es nun doch zu sterben gilt, will Wilhelm wenigstens fechtend fallen, er schlägt seinem Bedränger den Kopf ein, ergreift eine Stange und Guielin eine Axt. In diesem Augenblick bricht Bertran durch den unterirdischen Gang in die Stadt und befreit seinen Oheim aus den Todesängsten.

Was ist hier unwahrscheinlich? Die Unvorsichtigkeit Orables, die sich mit den befreiten Gefangenen arglos zu Tische setzt? Sie fühlte sich eben in Gloriette als Gebieterin und argwöhnte nicht, dass jemand aus ihrer Umgebung sie ihrem Stiefsohn verraten würde. Oder dass Arragon Esquanors Rat befolgt? Er mag Unrecht haben; aber der vorgebrachte Grund ist schwerwiegend genug. Sobald man die gegebene Situation annimmt, so ergiebt sich die erstmalige Befreiung der Franzosen durch Orable und ihre abermalige Festnahme als Notwendigkeit. Zuerst handelte es sich darum, von Wilhelm ein bindendes Eheversprechen zu erhalten und einen Boten nach Nimes zu schicken. Dass Wilhelm für seine Person in Orange bleibt, hat seinen Grund darin, dass er sich durch das Einverständnis mit Orable gesichert glaubt, bis Hülfe eintrifft; es wäre also unvernünftig, den Vorteil, in der feindlichen Burg zu sein, preiszugeben und Orable, falls ihre Flucht bemerkt würde, der Rache ihrer Feinde auszusetzen.[2]) Nun hatte

---

[1]) L. c. 5 Anm. 3. Il serait naturel qu'après leur première captivité, Aragon, au lieu de les remettre en prison, les envoyât au supplice et Orable avec eux.

[2]) Es ist übrigens dieselbe Situation wie im *Charroi de Nimes*; hier wie dort dringt Wilhelm mit der grössten Verwegenheit in die

der Dichter die Wahl, entweder die Christen unbehelligt auf Orables Zimmer verbleiben zu lassen, dann verzichtete er auf den kräftigsten Spannungseffekt in seinem Liede, oder sie gleich ergreifen, richten und verbrennen zu lassen, dann war die Geschichte aus; oder endlich sie noch einmal einkerkern zu lassen; durch diesen zweiten Aufschub des Todesurteils gewann er Zeit, bis Bertran eintraf; er fand gleichzeitig Gelegenheit, Guielins Sarkasmen über seinen verliebten Oheim anzubringen, und, indem er Orable im Kerker bleiben liess, entfernte er sie auf natürliche Weise vor dem bevorstehenden Kampfe, wo ihr im Getümmel leicht ein Unheil hätte zustossen können. Und diesen zweiten Aufschub, auf den also alles ankam, hat unser Dichter sehr geschickt begründet, indem er Orable offenkundig zur Mitschuldigen machte und somit Arragon in die schwierige Lage versetzte, gegen seine Stiefmutter kurz vor Tibauts Ankunft peinlich vorgehen zu müssen.

Kann man sich eine feiner durchdachte Kombination vorstellen?

Wie steht es nun mit der Uebereinstimmung zwischen Ulrich von Türheim und Andrea da Barberino? Der einzige Zug, in dem sich ihre Darstellungen gleichen, ist der, dass Wilhelm Orange wieder verlässt und mit Heeresmacht vor die Stadt rückt. In allen übrigen Punkten gehen sie auseinander, und zwar dermassen, dass eine gemeinschaftliche Quelle undenkbar ist. Wenn wir annehmen, dass Ulrich eine französische Dichtung kannte und ihr seine Angaben entnahm,[1]) so muss diese Dichtung entweder die *Enfances Guillaume* oder eine mit diesem Epos nahe verwandte Prise d'Orange gewesen sein, wie sie H. Suchier zu rekonstruieren

---

feindliche Stadt; das erste Mal hat er seine Leute bei sich in den Kufen, der Verlauf wird dadurch einfacher; das zweite Mal steht alles auf dem glücklichen Zufall, dass Bertran rechtzeitig eintrifft. Dadurch wird die Spannung grösser, und das Interesse wird ausserdem durch die Liebschaft vermehrt; unzweifelhaft hatten die mittelalterlichen Hörer für beides Sinn und Verständnis. — Auf die Parallele macht Jeanroy l. c. 10 aufmerksam.

[1]) Die betreffende Stelle Ulrichs drucke ich im Anhang, Note 2 und 5, ab.

versuchte. Die Quelle der Storie Nerbonesi hingegen hatte die allergrösste Aehnlichkeit mit unserer *Prise d'Orange* bis zu dem Moment, wo Wilhelm die heimlich besuchte Stadt wieder verlässt, um sie mit Waffen zu berennen, das heisst, bis zu dem Moment, wo Andrea von seiner Quelle abgeht, um *Aliscans* zu folgen. Die Frage stellt sich also folgendermassen: Unsere *Prise d'Orange* ist zwar eine abenteuerliche, aber, was den Gang der Handlung betrifft, vollkommen einwandfreie Dichtung. Die Andeutungen Ulrichs von Türheim über die Einnahme von Orange weichen ganz von unserer *Prise* ab und erinnern in auffälliger Weise an gewisse Züge der *Enfances Guillaume*; dabei sind sie von so romanhaft höfisch-abenteuerlicher Natur, dass es schwer fällt, sie als altertümlich und ursprünglich anzuerkennen (cf. Jeanroy l. c. 5 Anm. 3 und 6 Anm. 1). Die Erzählung der Storie Nerbonesi stimmt hingegen, soweit man bei Andrea treue Wiedergabe seiner Quelle voraussetzen kann, im Anfang mit unserer *Prise d'Orange* zusammen; zum Schluss nimmt sie eine andere Wendung, bietet uns aber keine Lösung, die wir als alt bezeichnen können, sondern springt plötzlich zu *Aliscans* über. Wenn nun Ulrich und Andrea in dem einen Zuge zusammentreffen, dass Wilhelm nach seinem Besuch in Orange die Stadt wieder verlässt: ist das etwas anderes als Zufall? Ich halte es dafür.[1]

Mit anerkennenswerter Vorsicht wagt Jeanroy nur die Hauptlinien des ursprünglichen Gedichtes als gesichert anzugeben. Einen charakteristischen Zug glaubt er indessen mit einer stark an Gewissheit grenzenden Wahrscheinlichkeit

---

[1] Man bedenke auch dieses: Unsere *Prise d'Orange* beruht auf der Situation, dass Wilhelm allein nach Orange kommt und trotz aller Gefahren dort verharrt, bis Bertran ihn erlöst. Eine andere Schlusswendung ist nur möglich, entweder indem man den Besuch in Orange ganz weglässt, oder indem man Wilhelm sich nach dem Besuch wieder entfernen lässt. Tertium non datur. Ein Zusammentreffen in diesem letzten Zuge beweist also nur, dass die betreffenden Erzähler unter Beibehaltung des Besuchs irgend eine andere Schlusslösung bevorzugten, nicht aber, dass ihnen die gleiche Fassung vorlag.

feststellen zu können, nämlich, dass Wilhelm zwei im jugendlichen Alter befindliche Söhne Tibauts und Orables tötete, und zwar mit Zustimmung der Mutter, in deren Herzen der Hass gegen Tibaut jedes natürliche Gefühl erstickte.[1]) Thatsache ist, dass an verschiedenen Stellen von mehreren Söhnen Tibauts die Rede ist, die durch Wilhelms Hand umkamen. Zur Beurteilung dieser Stellen, die zumeist wegen ihrer allgemeinen Fassung nicht viel besagen,[2]) muss man vor Augen behalten, dass ausser Arragon auch die Könige von Nimes, Harpin und Otran als Söhne Tibauts angesehen werden konnten; denn, wenn das Gedicht von ihrer Verwandtschaft nicht spricht, so bietet es auch nichts, was dieser, an sich naheliegenden Auffassung widerspräche.[3]) Ferner ist nicht zu vergessen, dass auch *Aliscans* und *Enfances Guillaume* Söhne Tibauts kennen, Esmeré und Espaulart; es bleibt daher jeweils zu erwägen, ob die Dichter nicht einen von diesen, speziell Esmeré, im Sinne hatten.[4]) Endlich steht die Frage offen, ob die Forsetzung der *Prise d'Orange* nicht weitere Söhne Tibauts auftreten und untergehen liess.

Dass die Söhne Tibauts auch Orables Kinder wären, steht mit der ganzen Tradition in Widerspruch. Die *Prise d'Orange* stellt Orable als ganz junge Frau dar,

Et ceste est bele et juenete meschine.
Il n'a tant bele en tote paiennie.
Mielz ameroit Soribant de Venice,
Qu'el ne feroit (!) Tiebaut d'Esclavonie. (v. 621 ss.).

Die *Enfances Guillaume*, als Vorgeschichte der *Prise d'Orange* lassen die Ehe nur geschlossen, nicht vollzogen

---

[1]) Romania XXIV, 6—9.
[2]) Z. B. *Foucon de Candie* (ed. Tarbé p. 12) konnte nur sagen: *Orange a prise et les fils detranchiés*, weil die Tirade auf -*iés* gereimt ist.
[3]) Jeanroy l. c. 7 zieht diese Möglichkeit für die Stelle von *Aliscans* (ed. Guessard 1050 ss.), wo nebenbei bemerkt nur die jüngere Fassung von Orange spricht, in Erwägung, weist sie jedoch ab mit Gründen, die meines Erachtens ohne Gewicht sind. (Vgl. Anm. 2 und 4).
[4]) Dies ist gewiss der Fall bei den Worten Macabrins in *Moniage II* (Arch. f. n. Spr. XCIII, 437), wo in einem Atemzug mit Tibauts Söhnen auch Desramé und Aucibier angeführt werden.

werden. Auch in den Storie Nerbonesi findet nur eine Verlobung per promessa fatta statt; der Vollzug der Ehe wird durch eine Reihe von Zwischenfällen hinausgeschoben, seit der Verlobung hat Orable Tibaut nicht wiedergesehen. Es ist also ausgeschlossen, dass Andrea den Sohn Tibauts, den er bei der Einnahme von Orange erwähnt, als Kind Orables betrachtete; zum Ueberfluss hören wir von ihm selbst, dass es ein Kind aus früherer Ehe war, das er nach der Verlobung seiner Braut anvertraute: E lasciollo Tibaldo uno suo figliuolo, ch' avia avuto d' un' altra donna, con animo di tornare prima ch' ella non pensasse (ed. Isola I, 41).

Die einzige Stelle, an der Orable als Mutter erscheint, ist eine jüngere Lesart von *Aliscans*, die nicht nur die ganze Tradition, sondern auch die gute und durchweg bewährte Lesung der Arsenalhandschrift gegen sich hat. Wenn man weiss, mit welcher Willkür im Mittelalter Textveränderungen vorgenommen wurden, wird man jener völlig isolierten Lesart schwerlich Wert beimessen können.[1]

Wie gesagt, erwähnt Andrea bei der Eroberung von Orange ein Söhnchen Tibauts, das Orable nach einem von ihm selbst bestrittenen Gerücht eigenhändig vom oberen Stockwerk des Palastes hinabgestürzt haben soll. E andati inverso il reale palagio, molti dissono che in questo tempo, essendo giunti in sul palagio, Tiborga gittò un figliuolo di Tibaldo, ch'era piccolo, a terra de' balconi (ed. Iola I, 414). Es steht zwar fest, dass Andrea gern falsche Ansichten und Gerüchte vorbringt, um sie zu widerlegen und sich so den Anschein der Unparteilichkeit oder der Gewissenhaftigkeit zu geben.[2] In diesem Falle will es mir aber scheinen, dass er das Kind nicht bereits zu Anfang eingeführt hätte, wenn ihm nicht ursprünglich ein bestimmter Plan vorschwebte,

---

[1] Cf. Aliscans ed. Guessard 1050 ss., ed. Jonckbloet 1150 ss. Die Hs. B. N. 2492 hat an dieser Stelle eine Lücke (Rolin). Die jüngere Lesart hat nur für die deutsche Weiterbildung der Wilhelmsage Bedeutung, insofern Wolfram die jüngere Fassung von *Aliscans* benutzte und so die Kinder Orables übernommen und an Ulrich vom Türlin weitergegeben hat.

[2] Ein drastisches Beispiel I, 2 bei Erörterung des Stammbaums der Narbonner.

den er nachträglich, wie es an die Ausführung kam, wieder fallen liess.¹) Hier muss ich nun auf die bevorzugte Stellung hinweisen, welche *Foucon de Candie* in unserem Roman einnimmt; häufig erscheint die ganze Erzählung mit besonderer Rücksicht auf diese Chanson angelegt. Dort wird nun Tibauts Sohn abermals erwähnt. O nievo mio, sagt der Almansor zu Tibaut, molto è valente uomo Guglielmo, come voi sapete, e per forza tiene le vostre terre e la vostra donna, e'l vostro figliuolo si dice ch'egli il fece cadere (ed. Isola II, 205). Das sind gerade die Worte des französischen Liedes:

> Orange a prise et tes fils detranchiés
> Ta femme escosse, si s'est a lui couchiés.

Liegt da nicht die Vermutung nahe, dass von dieser Stelle des *Foucon* die Anregung zur Erwähnung jenes Sohnes ausgegangen ist?

Um meine ablehnende Haltung in der Frage, ob Andrea eine andere Quelle als unsere *Prise d'Orange* benutzt haben kann, zu rechtfertigen, wiederhole ich zum Schluss, dass ich die Existenz einer andern Fassung dieses Liedes überhaupt bezweifle; sie lässt sich weder durch die innere Unwahrscheinlichkeit des auf uns gekommenen Liedes nachweisen, noch sind die Zeugnisse, die man anrufen kann, wie Ulrich von Türheim, *Aliscans* und unsere Storie unter sich verträglich und in gemeinsamen Gegensatz zu unserer *Prise d'Orange* zu bringen. Vielmehr hat es sich herausgestellt, dass die Storie und die erhaltene Dichtung für den Anfang auffallend zusammenstimmen und erst dann auseinander gehen, wo der Italiener seine französische Quelle augenfällig verlässt, um ein Motiv von *Aliscans* für seinen Roman zu verwerten. Fraglos kannte Andrea die Wilhelm- und Aimerilieder aus einer mit der Pariser Hs. B. N. 24369 verwandten zyklischen Sammelhandschrift, wie die weitere

---

¹) Man könnte sich fragen, ob etwa Andrea anfänglich an Arragon dachte, wie er ja an der betreffenden Stelle Vorkehrungen in Hinblick auf die *Prise d'Orange* trifft und eben dort jenen Guido einführt, dem die Rolle Gilleberts zugedacht war.

Untersuchung noch bestätigen wird. Mithin lag ihm auch die *Prise d'Orange* in der Fassung vor, die wir besitzen. Sind nun die Abweichungen, die er sich von dieser seiner ersten und wichtigsten Quelle gestattet, derart, dass wir zum Schlusse gedrängt werden, er habe ausser der zyklischen Epenhandschrift noch eine andere Fassung unseres Gedichtes besessen und gelegentlich benutzt? Oder sind es nur solche Umgestaltungen, die sich bei seiner anerkannt freien Verfahrungsweise und bei der ebenfalls offenkundigen Entlehnung aus *Aliscans* ohne weiteres, ohne Annahme einer zweiten Quelle, erklären lassen? — Ich für meine Person trete unbedingt für die zweite Alternative ein.[1]

Kehren wir zur Erzählung zurück!

Den Schluss des vierten Buches füllt die Belagerung von Orange durch Tibaut aus; und episodisch werden dazwischen die ersten Heldenthaten Viviens eingeschaltet. Auf die Kunde der Wegnahme von Nimes und Orange eilt Tibaut, der seinen Krieg am Balkan siegreich beendet hat, nach Afrika, Aegypten und Arabien, versammelt ein grosses Heer und zieht vor Orange. Den ersten Waffengang macht Bertran mit Arpin von Numidien; der Sieg kostet ihm aber fünfzehn Monate zur Genesung. Auch Wilhelm bricht mehrere Male ins feindliche Lager, tötet mehrere Sarazenenkönige und misst sich mit Tibaut selbst; zuletzt macht die Umzingelung der Stadt mit Schanzen und Gräben die Ausfälle immer schwieriger und seltener. So dauert die Belagerung sieben Jahre, ohne dass sich in Frankreich Jemand zu Wilhelms Befreiung regte. (c. XIV—XX).

Den Belagerten gehen die Lebensmittel aus, die wenigen Ueberlebenden sind so schwach, dass Wilhelm den Wachdienst zum Schein durch ausgestopfte Rüstungen versehen lässt. Da veranlasst Tiborga Bertran mit dem einzigen überbleibenden Pferde Serpentino, das er von Arpin erobert,

---

[1] Beiläufig sei eine Eigentümlichkeit der Erzählung der Storie erwähnt. Es fällt auf, dass Orable Wilhelms Bildnis besitzt, wo er noch keine Ahnung von ihrer Existenz zu haben scheint. Dürfte dieser an sich junge und romanhafte Zug dem Italiener nicht etwa durch die *Enfances Guillaume*, die er wohl kannte, obwohl er sie sonst nicht benutzte, eingegeben worden sein?

einen Durchbruch durch die Feinde zu versuchen, um Hülfe zu holen. Bertran gelobt, Niemanden zu umarmen, in keinem Bette zu schlafen und an keinem Tische zu essen, bis es ihm gelingt, das Entsatzheer zu versammeln. Er reitet aus, dreimal bebt er vor dem Wagnis zurück; schliesslich trägt ihn das gute Pferd durch das feindliche Lager, und Bertran eilt zu Wilhelms Brüdern, die teils willig, teils zögernd versprechen, ihre Leute bei Pietrafitta zu vereinigen und für ihre Person nach Paris zu kommen, um Ludwig zum Beistand zu bewegen. Der König weist sie auch diesmal ab, doch stimmen ihn über Nacht Blanchefleurs Thränen um; als am folgenden Tage Giulimer von Mainz die abermalige Unterstützung der Narbonner widerrät, streckt ihn Bertran mit einem Schwerthieb nieder. Nun versammelt Ludwig sein Heer, während Bertran nach Spanien flieht. (c. XXI—XXVI).

In Spanien war während dieser Jahre schwer gekämpft worden. Nach Ludwigs Krönung hatte sich Aïmer mit seinem Neffen Vivien dorthin begeben, und Vivien war durch Asturien in Portugal eingefallen und hatte die Stadt Galizia (!) am Fluss Arga erobert, als die Besatzung, um ihm den Rückzug abzuschneiden, die Verteidigung der Stadt ausser Acht gelassen. Dann hatte er die zur Belagerung herbeigezogenen Truppen geschlagen und an der Mündung des Flusses ein Kastell gebaut, das er nach seinem Beinamen Monte Argiento nannte. Nun riefen aber die von Portugal Unterstützung aus Afrika herbei, und Tibaut sandte von Orange seinen Bruder, den Alpatrice. Tapfer verteidigte sich Vivien bis ihn der Mangel an Lebensmitteln zwang, Galizia zu verbrennen, und sich mit einem Teil seiner Leute nach dem Kastell zu werfen, während die übrigen nach Spanien zurückkehrten. Aïmer versuchte Vivien zu befreien, musste aber vor der Uebermacht zurückweichen; nur Guischart (Guiscardo), der mit mehreren seiner Vettern nach Spanien gekommen war, gelang es, sich zu seinem Bruder durchzuschlagen. Im Kastell hielt sich nun Vivien bis zum siebenten Jahre in gleicher Not wie Wilhelm in Orange. Endlich versammelte Aïmer ein neues Heer und erfocht einen glänzenden Sieg; eben damals war Bertran nach

Spanien gekommen, war unerkannt dem Heer gefolgt und trug nicht wenig zum Erfolg bei. Nun heisst es: auf nach Orange! Monte Argiento wird niedergelegt, und alles eilt nach Pietrafitta d. h. Pierrelatte. (c. XXVII—XXXVIII).

Vor Orange kommt es zu einer gewaltigen Schlacht. Am ersten Tage bleibt das Waffenglück gleich. Am zweiten Morgen bringen Vivien und Bertran Lebensmittel in die ausgehungerte Stadt, und Wilhelm zieht mit ihnen in den Kampf. An diesem Tage fallen Guibert und Garin; Aïmer wird tötlich verwundet. Vivien erhält von Tibaut einen Stich in die Brust und durchbohrt ihm den Arm. Am dritten Morgen bittet Tibaut um einen Waffenstillstand und, vor dessen Ablauf, verlässt er Frankreichs Boden. Ludwig kehrt nach Paris zurück, wo Aïmer stirbt; einige sagen, seine Wunde sei vergiftet gewesen. Bei Wilhelm bleiben seine Neffen, auch Vivien bis zur vollen Heilung. (c. XXXIX— XLIII).

Zur Beurteilung dieser Erzählung müssen wir zunächst feststellen, dass Andrea in diesem und den folgenden Abschnitten seine Materie mit der grössten Freiheit behandelt hat: von den französischen Dichtungen, die ihm als Vorbild dienen, entlehnt er nur einzelne Motive, und zwar nicht selten zwei oder dreimal das gleiche; was aber den Gang der Handlung anbelangt, folgt er einem eigenen Plan, indem er zunächst Orange und Spanien neben einander als Schauplatz festhält. Darin wahrt er ja im allgemeinen den Geist des Narbonner-Sagenkreises; im einzelnen aber erlaubt er sich örtliche Versetzungen und freie Kombinationen, für die ihm die französischen Dichtungen keinen Anhalt boten.

Dies konstatieren wir zuerst bei der Episode, deren Held Vivien ist. Sie beruht offenbar auf der *Chevalerie Vivien,* bereitet aber nicht die Niederlage von Aliscans vor, sondern spielt mit der Belagerung von Orange parallel und motiviert gewissermassen die Verlassenheit Wilhelms, wie ihr glücklicher Ausgang auch seine Befreiung vorbereitet. Andrea hat also Motive der *Chevalerie* verwertet, hat aber die Kämpfe nach Portugal verlegt und aus einer einfachen Schlacht eine lange Kriegsgeschichte gezogen. Mit Rücksicht auf die Gesamterzählung hat er dann den Ereignissen statt des tragischen Verlaufs einen Triumph zum Abschluss gegeben und mit der Erlösung Viviens der Sachlage gemäss seinen Oheim Aïmer betraut.

Bei dieser Umgestaltung der Erzählung und bei ihrer Verlegung nach Spanien ist es nicht unwahrscheinlich, dass Andrea eine gewisse Anregung durch die *Enfances Vivien* erhielt. Bestimmte Entlehnungen aus dieser Dichtung lassen sich wohl schwerlich nachweisen, nur einen Zug möchte ich auf dieselbe zurückführen, das ist die Kühnheit, mit der Guischart durch die Feinde zu seinem belagerten Bruder dringt.[1]

Einen groben Schnitzer hat sich Andrea zu Schulden kommen lassen, indem er aus Galizien eine Stadt in Portugal unweit von Asturien machte und sie an den Fluss Arga legte, der durch Pamplona fliesst; die Verantwortung dafür kann nur den Italiener, nicht seine französische Quelle treffen. Minder bedenklich ist es hingegen, wenn er sich aus dem Archant unserer Epen den Namen eines Kastells zurechtlegt, und zwar in Anlehnung an jenes Kastell, das in der *Chevalerie* Viviens Zufluchtsstätte wird, und wenn er sich diesen Namen durch Umbildung in Monte Argiento mundgerecht macht.

Jeanroy, Romania XXVI, 194 ss., legt Gewicht darauf, dass im *Roman d'Arles* Galizi als Städtchen in der Nähe von Arles vorkömmt, und dass die *Vita s. Honorati* einen mons Argen kennt. Ich überlasse es Jedem, der in dem Galizi bei Arles und dem Galizia des Romans mehr als ein zufälliges Zusammentreffen sieht, die daraus sich ergebenden Folgerungen für die ältere Gestalt der Viviensage selber zu ziehen.[2] Wenn man aber den mons Argen mit dem Monte Argiento in Parallele bringt, so sind das zwei Dinge, die

---

[1] Storie Nerbonesi IV, xxxiii. Enfances Vivien, Tir. LXXXIX sqq. In der Vulgata sind es eben Gui und Guischart, die Vivien die Nachricht von der Ankunft der Franzosen nach Luiserne überbringen.

[2] Soll es sich nämlich um arelatische Lokalsagen handeln, so müssten wir zu der absurden Annahme greifen, dass Provenzalen sich Galizien als Stadt in Südfrankreich dachten. Handelt es sich hingegen um ein Lied, das gleich den *Enfances Vivien* in Spanien spielte, so könnte es nur ein Späterzeugnis der Wilhelmdichtung sein.

nichts mit einander gemein haben. Der mons Argen ist das Kloster in den Hochalpen, nämlich Argentière im Thal von Barcelonette, in dem Honoratus lange Zeit gelebt haben soll, während der Monte Argiento fraglos eine Umdeutung des Archant unserer Epen ist.

Für die Belagerung von Orange durch Tibaut besitzen wir keine französische Quelle, aber wir wissen, dass hier eine Lücke in unserer Ueberlieferung ist, und es wäre deshalb sehr erfreulich, wenn uns die Nerbonesi eine Ergänzung derselben böten. Sie erzählen uns zunächst eine Reihe von Kämpfen; damit ist nichts gewonnen, denn keine mittelalterliche Beschreibung einer Belagerung kann die Einzelkämpfe entbehren, und es wäre eine Illusion zu glauben, dass Andrea bei ihrer Schilderung sein französisches Vorbild getreu wiedergäbe. Einen besseren Anhaltspunkt böte die Gesandtschaft Bertrans an Ludwigs Hof; zu unserer grossen Enttäuschung merken wir aber, dass wir hier nur eine direkte und ziemlich ungeschickte Nachahmung von *Aliscans* vor uns haben, während der Schluss der Belagerung, die Erlösung Wilhelms durch Ludwig und seine eigene Verwandten teils *Aliscans*, teils *Enfances Vivien* entlehnt ist.[1])

Wird man bei diesem Sachverhalt mit ruhigem Gewissen einen Rückschluss von Andreas Darstellung auf das in Frage stehende französische Lied wagen dürfen? Dass er überhaupt eine Belagerung von Orange schildert, ist kein Beweis dafür, dass ihm ein entsprechendes französisches Lied vorlag. So wie die Geschichte einmal eingeleitet war, musste jetzt ein Vorstoss Tibauts auf die Wegnahme seiner Eroberungen und seiner Braut antworten; länger konnte man ihn unmöglich vom Kriegsschauplatze fernhalten. Wir postulieren auf Grund wissenschaftlicher Deduktionen ein Lied, das die Fortsetzung der *Prise d'Orange* bilden und

---

[1]) Jeanroy, Romania XXVI, 16, hat die Nachahmung von *Aliscans* richtig erkannt und charakterisiert. Die Botschaft Bertrans erinnert auch deutlich an die Girarts in der *Chevalerie Vivien*. Die *Enfances Vivien* glaube ich in diesem Zusammenhang erwähnen zu müssen, insofern Viviens Befreiung aus Luiserne durch Ludwig in Person geschieht, wie hier die Wilhelms; an *Aliscans* erinnert im Schluss die Anwesenheit der sämtlichen Enkel.

einen Angriff Tibauts auf Orange darstellen müsste; soweit wir die handschriftliche Ueberlieferung des Wilhelmzyklus kennen, können wir bestimmt behaupten, dass in Andreas Hauptquelle, der von ihm benutzten zyklischen Handschrift, jenes Lied fehlte. Welchen Anhaltspunkt haben wir dafür, dass jenes Lied im 14. Jahrhundert überhaupt noch existierte? Was berechtigt uns zu glauben, dass Andrea so glücklich war, es irgendwo erwerben und seiner Bibliothek einverleiben zu können? Die augenfällige Nachahmung von *Aliscans* und die Beschreibung einiger Einzelkämpfe gewiss nicht!

Bei den Kämpfen um Orange büssten nach Andreas Bericht Guibert, Garin und Aïmer das Leben ein. Ein Hinweis auf die *Mort d'Aimeri* liesse sich dadurch bekräftigen, dass man an die angeblich vergiftete Wunde Aïmers und die Giftpfeile der Sagittarier erinnert. Bei der Auswahl indessen, die hier Andrea unter den Narbonnern getroffen hat, war offenbar die Rücksicht auf *Foucon de Candie* massgebend. Nach diesem Liede waren zur Zeit der darin geschilderten Kämpfe von den sieben Brüdern nur noch Bernart, Bovon und Wilhelm am Leben; daher fallen hier Garin, Aïmer und Guibert, und später, beim zweiten Kampf um Orange, Ernaut. (Cf. l. VI. c. XXVIII).

Fünftes Buch.

Das fünfte Buch erzählt die Eroberung Aragons durch die Narbonner und liegt in zwei Fassungen vor.

Um Vivien für die Aufgabe von Monte Argiento schadlos zu halten, versprechen ihm Wilhelm und seine Vettern ihren Beistand zur Eroberung von Aragon und der Lande von Aliscante.[1]) Von Orange aufbrechend, erscheinen sie zuerst vor Tortosa und erzwingen dessen Eingang. Von dort geht es nach Valencia, das ähnlich erobert wird. Auch Angrara wird durch Erstürmung des Thores genommen. Auf dem Wege nach Perpignan ergiebt sich das Kastell

---

[1]) Diese seltsame Umdeutung des Begriffes von Aliscans beruht auf der Gleichsetzung desselben mit Alicante, Stadt und Provinz im Süden von Valencia.

Torsitore nach einem Zweikampf zwischen Vivien und dem Burgherrn. Perpignan wird in der Nacht erklettert, und Vivien erhält die Tochter des Statthalters, Violante, als Beute. Zur Fortsetzung ihrer Eroberungen lassen sich jetzt die Narbonner von ihren Verwandten Verstärkungen schicken und rücken dann vor Barcelona, das nach mehreren Schlachten durch die Bresche gestürmt wird. Auch Saragoza sieht sich nach heldenmütiger Anstrengung bezwungen. Zuletzt ergiebt sich Galatevito nach einem neuen Zweikampf Viviens. Nun wird in Saragoza Viviens Krönung vollzogen und mit grossen Festlichkeiten begangen.

So die eine Fassung.

Die andere unterscheidet sich dadurch, dass nur von Aragon nicht von Aliscante die Rede ist, dass das ganze Reich nicht einzelnen Statthaltern, sondern einem Gesamtherrscher unterstellt ist, der mit seinen Söhnen den Christen tapfere Gegenwehr leistet, und dass der Verlauf der Eroberung mehr der geographischen Wahrscheinlichkeit entspricht. Sie beginnt mit Perpignan, zu dessen Verteidigung der König von Saragoza fünf von seinen Söhnen geschickt hat. Die anmarschierenden Sarazenen werden geschlagen, Perpignan genommen, und während die Feinde haltlos zurückweichen, übergeben sich den nachrückenden Christen Le Perthus, Giunchiera (?), Figueras, Gerona. Vor Barcelona erhalten die Sarazenen Verstärkung durch ihren sechsten Bruder, aber während Wilhelm die anrückenden Kolonnen in Schach hält, bemächtigt sich Bertran des Thores, und von neuem beginnt der Rückzug und die Verfolgung. Villafranca ergiebt sich. Bei Tarragona tritt endlich den Christen der König Ferrante mit seiner ganzen Macht entgegen, es beginnt eine gewaltige Schlacht, in der Wilhelm und Namerighetto schwer verwundet werden, doch schliesslich die Christen den Sieg behalten. Nun übergiebt sich Tarragona und bald lässt sich auch Tortosa überreden, das Christentum anzunehmen. Nachdem ganz Aragon (d. h. Catalonien) für Vivien erobert ist, trennt sich Wilhelm von ihm, um nach Orange zurückzukehren.

Vor allen Dingen müssen wir uns das Verhältnis der beiden Fassungen zu einander klar machen. Es wäre wohl schwierig eine Entscheidung zu treffen, wenn sich die erste nicht in augenfälliger Weise als ein Abklatsch der Eroberung Spaniens durch Aïmer zu erkennen gäbe. Wie dort Altomarino, dann Cievo di Spania (dieses durch nächtliches Erklettern) genommen werden, wie Aïmer alsdann Verstärkungen herbeizieht, bevor er Pamplona und Cobeles angreift, wie die vertriebenen Fürsten nach Babylonien fliehen: ganz ähnlich beginnt hier der Kampf mit Tortosa, Valencia, Angrara; Perpignan wird nächtlicher Weile erklettert; dann werden Verstärkungen zugezogen, und nach blutigen Gefechten Barcelona, Saragoza und Galatevitto genommen. Die Sarazenenfürsten fliehen nach Arabien und bereiten den abermaligen Einfall Tibauts vor. Und wie Aïmer die Tochter des Statthalters von Cievo di Spagna zuerst zum Kebsweib genommen (per femmina), so macht es Vivien in Perpignan. Und wenn jene ersten Kämpfe ihren Abschluss durch die Krönungsfeier in Paris fanden, so haben wir bei Viviens Krönung in Saragoza ähnliche Festlichkeiten und Turniere, bei denen auch der weisse Ritter nicht fehlt, der erst am dritten Tag durch Wilhelm als einer von der Sippe erkannt wird.

Dieses unverkennbare, stellenweise wörtliche Selbstplagiat lässt vermuten, dass die erstangeführte Fassung auch thatsächlich vor der andern entstanden ist. Es hat ganz den Anschein, als hätte Andrea in einem Anflug von geistiger Trägheit, der bei einem so langstieligen Werke nicht auffallend wäre, sich zuerst damit begnügt, sich selbst zu kopieren; später hätte ihm sein schriftstellerisches Gewissen doch Vorwürfe gemacht, oder vielleicht wurde er von befreundeter Seite auf das Bedenkliche seiner geographischen Disposition hingewiesen und entschloss sich zu einer gründlichen Umarbeitung des ganzen Abschnittes. Dabei liess er das unsinnige „Raona d'Aliscante" fallen, hielt sich treuer an die topographische Wahrscheinlichkeit und begnügte sich mit der Eroberung des Küstenstriches: letzteres vermutlich mit Rücksicht auf den weiteren Verlauf seiner Erzählung, da demnächst Wilhelm eine Niederlage bei Tortosa erfahren und flüchtig nach Orange zurückkehren sollte: was natürlicher erscheint, wenn sich hinter Tortosa nicht Saragoza als nächstes und mächtigstes Bollwerk der Christen befindet, und wenn das Land ringsum nur von eilig bekehrten, daher unzuverlässigen Sarazenen bewohnt ist.¹)

Für die Quellenfrage ergiebt sich nun Folgendes: Die erste Fassung der „Conquista di Raona" hat herzlich wenig Anspruch darauf als Wiedergabe eines französischen Heldenliedes zu gelten, erstens weil sie eine Kopie der Aïmer-Kapitel ist, zweitens weil es an sich fraglich ist, ob es ausser den *Enfances* ein in Spanien spielendes Vivienlied gab, drittens weil ein derartiger Eroberungszug, wie ihn das fünfte Buch schildert, durchaus unepisch ist. Die beiden letzten Gründe gelten in vollem Masse für die zweite Fassung, bei der noch hinzukommt, dass sie nur eine verbesserte Auflage der als Kopie der Aïmer-Kriege verdächtigen ersten Fassung zu sein scheint. Jedenfalls werden die Forscher die in diesem Buche eine Nachbildung französischer Lieder erblicken möchten, sich für die eine oder die andere Version zu entscheiden haben; fällt ihre Wahl auf die erste, so werden sie zu der Frage Stellung nehmen müssen, ob sie die Eroberung Spaniens durch Aïmer oder die Eroberung Aragons durch Vivien als Original ansetzen, d. h. ob sie das Aïmerlied oder das Vivienlied opfern wollen.

Man wird nun aber auf Stellen des *Foucon de Candie* und besonders der *Enfances Vivien* hinweisen, wo von der Eroberung von Barcelona und Balaguer durch die Christen oder durch Vivien die Rede ist.²) Ich will die Frage nicht aufwerfen, ob solche Anspielungen oder Andeutungen auch wirklich beweisen, dass es einst ein Lied gab, das die Eroberung dieser Städte besang; ich frage nur soviel: Was ist wahrscheinlicher, dass Andrea das fragliche Lied kannte,

---

¹) Das umgekehrte Verhältnis scheint durchaus unwahrscheinlich, weil man annehmen müsste, dass der Verfasser eine wohlgeordnete, geographisch richtige und, was Darstellung anbelangt, genügend gelungene und selbständige Fassung zu Gunsten einer plagierten, geographisch unwahrscheinlichen und durch das Aliscante di Raona geradezu lächerliche aufgegeben hätte. — Man kann nun annehmen, dass die eine oder die andere Fassung nicht von Andrea selbst, sondern von einem Ueberarbeiter herrührt, obwohl der Stil ganz der Andreas ist; in diesem Falle verliert natürlich die umgearbeitete Fassung allen Quellenwert.

²) Vgl. Prise de Cordres ed. O. Densusianu p. V. (S. A. T.)

oder dass die in Rede stehenden Anspielungen die Anregung für seine ausführliche Erzählung gaben? Aus seiner Erzählung wird man schwerlich die Benutzung eines Heldenliedes herausfühlen. Hingegen ist es gewiss, wenn er eine zyklische Handschrift benutzte, wie wir vermuten, dass ihm die erwähnten Stellen in die Augen fallen mussten; und nun ist die Annahme nicht widersinnig, dass, wenn er Verse las wie diese der *Enfances Vivien* (v. 891 ss.):

> Car ce fu cil qui tant ot de bonté,
> Qui puist conquist l'Archant et Balangué
> Et Bargelonne et mainte fermeté;
> Tant y feri de son branc aceré
> Qu'après sa mort en fu maint jor parlé,

dass er sich da, als fruchtbarer Romanschreiber, eigentümlich betroffen und angeregt fühlen musste, dass es ihn reizen musste, das zu erzählen, was er nur angedeutet fand, indem er dadurch nur eine auffällige Lücke seiner Quelle nach ihrer eigenen Anweisung ergänzte.

Ein aufmerksamer Forscher wird nun wohl die auffällige Uebereinstimmung zwischen den Eroberungszügen Aïmers und denen Viviens nicht leugnen und wird zugeben, dass Andreas Erzählung in den betreffenden Kapiteln mehr einen generalstabsmässigen, als epischen Anstrich hat; aber er wird vielleicht darauf deuten, dass auch gewisse Motive von *Aliscans* zwei oder dreimal in verschiedenem Zusammenhang verwertet wurden, und wird nun die Frage aufwerfen, ob es nicht denkbar, ja wahrscheinlich sei, dass Andrea wenigstens die Motive seiner Aïmer- und Vivienabschnitte französischen Liedern entnommen hätte, die gar nicht Vivien- oder Aïmerlieder zu sein brauchten. Diese Möglichkeit gebe ich zu; ja ich bin sogar bereit, diese Lieder namhaft zu machen. Es sind nämlich *Guibert d'Andrenas, Enfances Vivien, Siège de Barbastre* und alle übrigen Lieder unseres Zyklus, welche die Narbonner Sippe als Eroberer und Befreier der pyrenäischen Halbinsel darstellen, nur mit dem Unterschiede, dass unser Zyklus uns einzelne Heldenlieder, jedes mit einem besonderen Helden und einem speciellen Objekt — bald Guibert, bald Vivien, bald Girart und Gui, bald Andrenas, bald Luiserne, bald Barbastre —

bietet, während der Roman diese getrennten Handlungen zu zwei Gesamtbildern zusammengefasst hat; und mit dem Unterschiede ferner, dass die französischen Lieder die Einnahme einzelner Städte preisen, um und für welche im 12. Jahrhundert Christenblut geflossen ist, während Andrea die Eroberung von Staaten, Castilien und das mit Catalonien vereinte Aragon (nebst Valencia), darstellt, so wie diese Staaten zu Ende des 14. Jahrhunderts bestanden.[1])

Sechstes Buch.

Der Anfang des sechsten Buches schildert eine neue Kriegsfahrt Tibauts, Viviens Tod und Wilhelms vollständige Niederlage. Die Elemente dieser Erzählung sind der *Chevalerie Vivien* und *Aliscans* entnommen; sie dienen aber zur Vorbereitung des *Foucon de Candie*.

Vivien ist mit Bovons und Guiberts Söhnen in Tortosa, Wilhelm mit Bertran in Orange, als die Kunde kommt, dass Tibaut ein neues Heer aufgebracht und Aragon bedrohe. Wilhelm lässt Bertran in Orange und eilt nach Barcelona. Schon landen die Sarazenen der Küste entlang. Vivien tritt ihnen bei Tortosa entgegen und hätte sie zurückgeworfen, wäre nicht Tibaut, der bei Valencia ans Land gestiegen war, ohne zu ahnen, dass gekämpft wurde, zu fataler Stunde eingetroffen. Vom Rückzug abgeschnitten, von allen Seiten umringt, sieht Vivien seine Freunde um sich her fallen; Guido und Guiscardo werden gefangen. Vivien schlägt sich über ein Wasser auf eine Anhöhe und Guicciardo (= Girart) mitten durch die Feinde zu Wilhelm nach Barcelona. Aber der Feinde sind zu viel, sie erklimmen die Anhöhe von hinterrücks; Vivien und seine Freunde

---

[1]) Mit richtigem Gefühl sagt A. Jeanroy (Romania XXVI, 192 Anm. 1): Il n'y a pas à tenir compte de tout livre V, und weist auf das Bestreben des Italieners de faire entrer dans son récit des poèmes primitivement étrangers à la légende de Vivien. Was indessen die vorgeschlagene Identifizierung der Belagerung von Angrara mit einer Episode des *Guibert d'Andrenas* betrifft (durch Missverständnis des französischen Wortes *angarde*), so dürfte sie sich kaum bewähren. Auch bin ich überzeugt, dass der Italiener die Söhne Guiberts nicht einem französischen Liede entnommen, sondern sie selbst erfunden hat.

umarmen sich zum Abschied, reichen sich Erde zum letzten Abendmahl und sterben, bis zum letzten Atemzuge fechtend. (c. I—IV.)

Ohne die Uebermacht der Sarazenen zu ahnen, bricht Wilhelm unverzüglich von Barcelona auf und reitet ungesäumt nach Tortosa. Eben landet aber bei Barcelona und Tarragona das etwas verspätete dritte Korps und setzt sich gleich auf seine Spur, so dass sich Wilhelm zwei überlegenen Feinden gegenüber sieht und nach zwei Seiten Front machen muss. Das ganze Christenheer unterliegt und wird vernichtet, Guicciardo teilt das Loos Guidos und Guiscardos und Wilhelm muss sich durch die Flucht retten. Die Sarazenen setzen ihm auf den Fersen nach, auf dem ganzen Weg stösst er bereits auf streifende Banden, und fast gleichzeitig mit ihm trifft Tibaut vor Orange ein. Vor der völligen Umzingelung gelingt es noch auf Tiborgas Rat einen Getreuen Gherardo, von Ogiers Sippe, auf einen Kahn zu setzen, um zu den Verwandten um Hülfe zu eilen. (c. V—VIII.)

Es ist klar, und die nicht wiedergegebenen Einzelheiten zeigen es auf das deutlichste, dass Andrea für diesen Teil seiner Erzählung abermals die *Chevalerie Vivien* und *Aliscans* zum Muster genommen hat. Es liegt ihm aber fern, sie getreu nachzuahmen; denn sein vorgesetztes Ziel ist, den *Foucon de Candie* vorzubereiten, dem die folgenden Abschnitte des Roman gewidmet sein sollen. Bekanntlich setzt *Foucon* voraus, dass Vivien in einer mörderischen Schlacht gefallen, Guischart, Girart und Gui in die Hände der Sarazenen geraten und Wilhelm als Flüchtling nach Orange zurückgekehrt ist. Diese Sachlage sucht Andrea mit den der *Chevalerie* und *Aliscans* entlehnten Zügen herbeizuführen. Dabei ist er natürlich durch die früheren Episoden seiner Erzählung gebunden; sein Ausgangspunkt ist die am Ende des fünften Buches geschaffene Situation, d. h. Viviens Niederlassung in Tortosa. Es ist beinahe überflüssig zu bemerken, dass diejenigen Unterschiede zwischen Andreas Darstellung und der seiner Vorbilder, welche durch diese doppelte Rücksicht auf *Foucon* und auf seine eigene Erzählung bedingt sind, nicht zum Nachweis einer anderen Version der von ihm benutzten französischen

Quellen dienen können. So war es z. B. das beste, was unser Italiener machen konnte, wenn er Bertran in Orange zurückliess, da er ihn weder in Gefangenschaft geraten, noch mit Wilhelm fliehen lassen konnte.¹) Der Schluss auf andere Fassungen unserer Lieder ist umso weniger berechtigt, als ja manche Züge, die hier abgeändert oder übergangen erscheinen, sich an anderen Stellen getreulich vorfinden, wo dieselben Epen zu grunde liegen.²) Es ist auch nur ein Scheingrund, wenn behauptet wird, dass unser Italiener die schönen und pathetischen Scenen jener Gedichte, welche auch uns noch ergreifen, nicht übergangen haben würde; denn erstens klingt in Andreas Erzählung trotz der starken Verkürzung, trotz der Eile etwas von der ergreifenden Tragik seiner Quelle durch; dann ist es aber Thatsache, dass kein einziger Prosabearbeiter des 14. und 15. Jahrhunderts es vermocht hat, die pathetischen Situationen der alten Heldenlieder würdig wiederzugeben; sie haben es auch gar nicht versucht, weil ihr Ideal das rethorische Pathos war und ihnen die tragische Kraft fehlte.³)

---

¹) Vielleicht bin ich ungerecht; aber in meinem Innern bin ich überzeugt, dass, wenn Andrea hier die sieben Vettern von *Aliscans* hätte auftreten und gefangen werden lassen, man aus ihrer Gegenwart in den folgenden, *Foucon* entlehnten Partien den Schluss ziehen würde, dass Andrea eine andere Fassung des *Foucon* benutzte.

²) Die sieben Vettern nehmen z. B. an der Befreiung Viviens bei Monte Argiento und Wilhelms bei Orange teil (Schluss des IV. Buches), natürlich mit einigen Aenderungen, die bei Andrea niemals fehlen.

³) Jeanroy, Romania XXVI, 191—194, hat die Entlehnungen aus *Aliscans* richtig erkannt und ist sich dessen bewusst geworden, dass mit c. IX die Nachahmung des *Foucon* beginnt; es ist mir unbegreiflich, dass er die durch die Kombination zweier so heterogener Stoffe geschaffene Notlage nicht in Rechnung gezogen hat. Den Sophismus mit der klareren Topographie (l. c. 193) möchte ich lieber mit Schweigen übergehen. Man kann doch einem Erzähler, der Kämpfe längs der katalonischen Küste beschreibt, nicht zumuten, dass er sie sich topographisch nicht klar veranschaulicht, weil *Aliscans* uns kein genaues landschaftliches Bild von Kämpfen an der Rhône giebt!

Sechstes, siebentes und achtes Buch.

Vom 9. Kapitel des sechsten Buches bis zum 14. des achten folgt eine ausführliche und ziemlich getreue Wiedergabe des *Foucon de Candie*, welche für sich allein den vierten Teil des Romans einnimmt. Bisher ist diese französische Chanson noch nicht eingehend untersucht worden, es sind desshalb auch noch keine Theorien über ältere Fassungen derselben hervorgetreten; daher begnüge ich mich mit einem kurzen Ueberblick zur Orientierung für das weitere, um so mehr als mir die einzige und ungenügende Ausgabe von Tarbé nicht zu Gebote steht.

Ganz Frankreich erhebt sich zur Befreiung Wilhelms, ein unerwarteter Umstand führt aber die Christen aus der Verteidigung zur kühnsten Offensive über. Anfelise, die Beherrscherin von Kreta, verliebt sich in Foucon von Florenville (Fieravilla) und schenkt ihm mit ihrer Hand die Herrschaft über die Insel. Tibaut muss die Belagerung von Orange aufgeben und nach Candia eilen; hier findet er aber kräftigen Widerstand, und nachdem Wilhelm und bald Ludwig selbst den Christen zu Hülfe gekommen sind, muss er nicht nur abermals abziehen, sondern sieht sich in seinem eigenen Reiche bedroht und in Askalon eingeschlossen. Zum Glück für ihn hält ein unehelicher Sohn Guidos, den eine Sarazenin geboren, die Narbonner längere Zeit im Schach; als aber der Povero Avveduto (le ber Povre Vëu) zu seinen Verwandten übergeht, und zudem schlechte Nachrichten aus Indien eintreffen, so ist er froh, dass Ludwig auf die Kunde neuer Rüstungen in Afrika den Frieden anbietet.

Wie man sieht, bot Andreas französische Quelle auch die anscheinend jüngeren Partien des französischen Liedes, vom ber Povre Vëu, also die Fassung die auch auf uns gekommen ist.

Achtes Buch.

Der Schluss des achten Buches kehrt abermals zu *Aliscans* zurück und bringt diesmal die Erzählung von Rainoart nebst Fortsetzung; dazwischen schalten sich Motive aus *Moniage Guillaume* und freie Erfindungen ein. Man merkt es der Erzählung an, dass Andrea aus Ueberdruss kürzt, che brieve iscrivo per troppo tedio (ed. Isola II, 526).

Kaum ist Wilhelm von Askalon zurückgekehrt, kommt Desramé, der König von Afrika (il re di Rames), mit seinen dreizehn Söhnen über das Meer und legt sich abermals vor Orange. Er hatte noch einen vierzehnten Sohn, Rainoart (Rinovardo), den hielt er seit vielen Jahren im Kerker, weil er seinen ältesten Bruder Borel hatte niederstechen wollen, und weil die Wahrsager prophezeiten, er würde Vater und Brüder umbringen. Bei der Abfahrt der Flotte gelingt es nun Rainoart zu entkommen; auf dem Schiff der Köche setzt er nach Frankreich über und geht nach Paris, wo er, von allem entblösst, zuerst in der königlichen Küche, dann im Marstall in Dienste tritt. Hier verliebt er sich in Ludwigs Schwester Elizia, Wittwe des Herzogs Elias von Orléans. Inzwischen hat Wilhelm Orange tapfer verteidigt; wie aber die Not dringender wird, begiebt er sich nach Paris um Hülfe. Diesmal ist der König willig und verspricht ihm Beistand; er gewährt ihm auch Rainoart, der sich von einer ausgerissenen Pinie eine Keule machen lässt (pinello-tinel). Beim Abmarsch vergisst er sie aber und muss zurücklaufen, sie holen. Wie er verspätet zur Rhônebrücke kommt, sieht er die von Wilhelm entlassenen Kampfunlustigen (couards) ihm entgegenkommen; er nötigt sie zur Umkehr und führt sie dann im ersten Treffen zur Schlacht. Vor derselben giebt sich Rainoart Wilhelm zu erkennen und lässt sich die Hand Elizias versprechen. Die mörderische Schlacht beginnt; Rainoart tötet seine dreizehn Brüder, seinem Vater aber schenkt er das Leben. Im Triumphe kehren die Christen nach Orange zurück; Rainoart wird von Orable mit Freuden bewillkommnet, und nach der Taufe erhält er Ludwigs Schwester zur Frau. Die Geburt des ersten Knaben kostet ihr aber das Leben; Desramé lässt das Kind in der Wiege vertauschen und nach Afrika bringen. Diese Schläge bewegen Rainoart der Welt zu entsagen und in den Apenninen Einsiedler zu werden. (c. XV—XXV).

Es ist überflüssig, hier auf die Nachahmung von *Aliscans* und dessen Fortsetzung, *Rainoart*, aufmerksam zu machen;

sie liegt ebenso klar vor Augen wie die willkürlichen Entstellungen.

Beim Friedensschluss von Askalon hatten sich Ludwig und Tibaut gegenseitige Unterstützung gegen ihre Feinde zugesagt. Da Tibaut mit seinen aufständigen Vasallen nicht fertig wird, kommt er inkognito nach Paris. Zu seiner Unterstützung findet sich Wilhelm bereit. Mit einem stattlichen Söldnerheer setzt er über nach Asien und bringt in Mesopotamien den Aufständischen eine vernichtende Niederlage bei. Als er dann scheidet, bleibt Viviano della ciera grifagnia, Ernauts Sohn, zurück; er hatte sich in Tibauts Nichte verliebt und erhielt von der Dame zärtliche Stelldichein. Eines Abends, wie er auf die Dame wartete, wird er von Tibaut überrascht und durch einen Speerwurf getötet. (c. XXVI—XXX).

Offenbar bediente sich Andrea da Barberino eines nicht auf uns gekommenen Heldenliedes, in dem wir ein Voyage de Guillaume en Terre Sainte et en Mésopotamie erkennen. Die Entdeckung dieses bisher nicht beachteten Gedichtes wird meinem Namen, so hoffe ich, einen bescheidenen Platz in den Annalen der französischen Epenforschung sichern.

Nach seiner Rückkehr überlegt sich Wilhelm, wieviel Christen durch ihn den Tod gefunden, und entschliesst sich Einsiedel zu werden. Schon lange hegt Tiborga den gleichen Wunsch. Sie vertrauen Orange Namerighetto an und begeben sich über Santiago nach einer Einöde zwischen Spanien und Aragon, wo sie einen alten Einsiedel finden, dem sie beichten; in der Nähe entdecken sie eine Höhle und wählen sie zu ihrer Unterkunft. Nach dem Tode des alten Einsiedels legen sie um seine Behausung einen kleinen Garten an. So leben sie achtzehn Jahre in der Einsamkeit; wenn sie aber Leute treffen, hören sie nur schlimme Kunde von Frankreich: Ludwigs Sohn, Karl Martell, war herangewachsen und vertrieb die Guten vom Hofe und zog die Lasterhaften an sich.

In einem Anfall kindischer Neugier will Tibaut, sendo vecchio e rimbambito, wissen, was aus Wilhelm geworden ist. Ein Kobold (folletto) täuscht seine Wahrsager durch zweideutige Reden, und Tibaut unternimmt einen neuen Zug, der ihm das Leben kosten wird. Zuerst landet er vor Candia; trotz Anfelisens banger Ahnung tritt ihm Foucon entgegen und fällt im Kampfe mit Guicciardo (Girart) und vielen anderen; seine Wittwe heiratet Gautier von Toulouse. Dann eilt Tibaut vor Orange. Casello, der die sarazenischen Sprachen kennt, holt zuerst Bertran herbei; dann begiebt er sich auf die Suche nach Wilhelm; er hatte ihn nämlich beim Abschied begleitet und erfahren, wohin er sich begeben werde. Nicht ohne Mühe findet Casello den Ort; noch kurz vor dem Ziele versucht ein Unhold ihn von der richtigen Fährte abzubringen. Wilhelm trifft er im Garten; sobald ihn dieser erkennt, rupft er die guten Kräuter aus und richtet die schlechten in die Höhe: sein Garten gleiche Frankreich, bemerkt er. Jetzt zeigt sich Tiborga, man erkennt sich, in der Nacht erhält Wilhelm Gottes Weisung; eilig versammelt er bei Avignon zwanzig Tausend Ritter, wirft davon fünfzehn Tausend nach Orange und lässt sich durch Bertran seine Rüstung bringen. Nun entbietet er die königlichen Garnisonen der umliegenden Städte und den ganzen Landsturm; zur verabredeten Stunde wirft sich alles auf Tibauts Lager, das in wilder Flucht auseinander stiebt. Tibaut fällt durch Wilhelms Schwert. Tiborga in Orange will an Tibauts Tod nicht glauben, sie lässt sich sein Herz bringen und, wie sie es an den zwei Löwen aus Fleisch, die man darauf sieht, erkennt, küsst sie es, beisst es ein bischen an, und da er aus Liebe für sie gestorben, verweigert sie fortan jede Speise; so stirbt sie verzweifelt, und ihre Asche wird in ungeweihter Erde verscharrt. (c. XXXI—XXXVIII).

Bevor Wilhelm Orange verlassen kann, erscheint Lionagi, ein unehelicher Sohn Bertrans, den ihm zu Foucons Zeiten eine Sarazenin geschenkt. Von Bertran besiegt, lässt er sich taufen, kehrt dann zur Mutter zurück, wird aber von seinen Begleitern ergriffen und nach Persien geschleppt. Gleich darauf trifft Desramé mit Maillefer (Galifer, Tagliaferro) ein; Wilhelm und Casello suchen Rainoart in den Apenninen. Sie bringen ihn nach Orange, und mehrere Tage nacheinander kämpft und ringt Rainoart mit seinem

Sohn, bis die Wiedererkennung erfolgt. Unvorsichtiger Weise begiebt sich Maillefer in das Lager zurück, in der Hoffnung, Rainoart mit seinem Vater zu versöhnen. Desramé täuscht seinen Enkel und tötet ihn im Schlaf. Jetzt bricht über ihn das Verhängnis herein; er wird geschlagen wie Tibaut und auf der Flucht von Rainoart eingeholt und getötet. (c. XXXIX—XLIV).

Mit einem Umweg über das heilige Grab und Santiago kehrt Rainoart zu seiner Klause zurück, an deren Stelle er ein Kloster errichtet. Der Ruf seiner Heiligkeit ist so gross, dass der König ihn zum Abt eines Klosters in Burgund bestellt; der Papst nötigt ihn, die Würde anzunehmen. Mit Schlägen und Geisselhieben zwingt Rainoart die Mönche zu einem heiligen Leben und säubert die Umgegend von Räubern. Noch einmal wird er später von Bertran in seinem Kloster besucht; schliesslich findet man ihn eines Morgens im Bett ermordet; einige behaupten, Wilhelm habe es auf Gottes Geheiss gethan, doch ist das nicht authentisch bezeugt. (c. XLIV. XLVII).

Auch Wilhelm zieht wieder hinaus, tötet einen Drachen, der in der Wildnis haust, baut eine Brücke und ficht mit Beelzebub, der sie ihm Nachts immer zerstört, und vertreibt ihn; da sein Ruf viele Besucher anlockt, verlässt er den Ort und begiebt sich in die Gegend von Rom, wo man seither nichts mehr von ihm hört. (c. XLV).

Bunt gehen hier die Entlehnungen aus *Moniage Guillaume* und *Rainoart* durcheinander; die Entstellungen sind dabei so brutal willkürlich, dass sich ein Vergleich mit den französischen Liedern gar nicht lohnt. Dass Andrea die jüngere Fassung des *Moniage* kannte, erschliessen wir daraus, dass ihm eine zyklische Handschrift vorlag; eine Bestätigung bieten vielleicht Züge wie der Einsiedler, dem er beichtet (Jaidon?), der Kampf mit dem Drachen, der stete Verkehr mit Leuten, die Befragung der Wahrsager vor Tibauts Zug, der Beiname *il timoniere*, den Bertran statt Landri führt, das Hervortreten eines Königs Sinador in c. XXXIII ff. Sonst erscheint die Frage nach der Quelle angesichts der Freiheit der Behandlung als gleichgültig.

Den Schluss des achten Buches bildet die abenteuerliche Geschichte Bertrans und seines Sohnes Lionagios. Ein rührender Brief Falerizias benachrichtigt Bertran vom Schicksal ihres Sohnes. Bertran bricht mit Casello auf; Rainoart, in dessen Kloster sie übernachten, merkt, wie sie unter dem Pilgerkleid Waffen tragen, er hält sie für Räuber und überfällt sie in ihrer Zelle; einigen Mönchen kostet es das Leben. Zwischen Arabien und Persien, im Kastell Almonte werden Bertran und Casello als Christen erkannt; zum Glück ist es ein zweiter Sohn Falerizias, Falsitor, dem das Kastell gehört. Vereint gehen sie nach Babylon, Bertran siegt in einem Turnier und wird von Corves d'Alis, der sich nach Tibauts Tod des ganzen Reiches bemächtigt hat, zum Seneschal über den Teil des Palastes gemacht, in dem Lionagi schmachtet. Ihn befreien, den Palast anzünden, dass die Königin mit vielen Frauen verbrennt, nach Almonte fliehen, der Belagerung trotzen und dann heimlich nach Frankreich entweichen, ist für Bertran ein Kinderspiel. Natürlich setzt ihm Corves d'Alis nach, er hält sich aber nicht lange vor Orange auf, sondern zieht durch Sachsen und Burgund vor Paris. Angesichts der Gefahr hatte sich Bertran des lange ausser Acht gelassenen Ungarn und Böhmen erinnert. Vor Paris kommt es zu einer letzten, grossen Schlacht, in welcher die letzten Narbonner Bernart Bertran, Lionagi und Ludwig selber fallen. Der Sieg bleibt den Christen. Während des Freudenfestes in Paris erschien vor Karl Martell, der jetzt die Krone trug, ein Bote im Namen eines weissgekleideten Ritters mit einem goldenen Horn auf blauem Schild (Wilhelm!) und warnte ihn, wenn er sich nicht bessere, würde mit ihm Frankreichs Ruhm zu Ende gehen. Der Bote wurde geschlagen, die Warnung überhört; es musste so kommen, dass der Teufel den neuen König eines Tages bei lebendigem Leibe davontrug. (c. XLVII—LXIII).

Für diese letzte Erzählung kennen wir keine französische Quelle. Einige Züge, die Belagerung von Paris, Wilhelms letzte Warnung an den König, gemahnen entfernt an die Ysoré-Episode des *Moniage*; sonst klingt alles wie reine und wild romantische Erfindung. Man könnte sich fragen, ob Andrea einige Motive den unbekannten Teilen des *Rainoart* oder gar dem in der Hs. B. N. 24369 befindlichen *Renier* entnommen hat; das wäre von Interesse.

Schluss.

Unsere Untersuchung hat nun folgende Quellen der Storie Nerbonesi erkennen lassen; 1. *Macaire*, als letzten Teil der frankoitalienischen Kompilation der Hs. von San Marco XIII. — 2. Vom Aimerizyklus: *Département des enfants Aimeri, Siège de Narbonne* und *Guibert d'Andrenas*, vielleicht *Mort d'Aimeri*; dabei ist daran zu erinnern, dass ein anderer Teil des Romans, Aspromonte, von *Girart de Vienne* ausgiebigen Gebrauch gemacht hat. — 3. Vom Wilhelmzyklus: *Couronnement de Louis, Charroi de Nimes, Prise d'Orange, Enfances* und *Chevalerie Vivien, Aliscans, Rainoart, Moniage Guillaume.* — 4. *Foucon de Candie*.

Nicht bestimmt nachgewiesen sind vom Aimerizyklus: *Aimeri de Narbonne*, der übrigens in einem der voraufgehenden Teile des Romans hätte aufgearbeitet werden müssen, *Siège de Barbastre* und *Mort d'Aimeri*; — vom Wilhelmzyklus nur *Enfances Guillaume*, dem im Aimerizyklus Paralleldichtungen zur Seite stehen. Die Vernachlässigung dieser Dichtungen, auch wenn sie vorlagen, lässt sich nach der Anlage des Romans begreifen und fällt daher nicht sehr ins Gewicht.

Nach der handschriftlichen Ueberlieferung zu urteilen, kämen wir zum Schluss, dass Andrea da Barberino ausser *Macaire*, der hier nicht in Betracht kommt, sowohl den Aimerizyklus als den Wilhelmzyklus und *Foucon de Candie* vor sich hatte. Denkbar wäre es, dass er sie, jeden in einem besonderen Bande, besass; die grössere Wahrscheinlichkeit spricht aber dafür, dass ihm der Aimeri- und Wilhelmzyklus vereint und *Foucon*, von dem wir zwei italianisierte Abschriften kennen, für sich allein vorlagen. Einige Merkmale schienen anzudeuten, dass die Andrea zu Gebote stehende zyklische Handschrift mit der Hs. Bibl. nat. 24369 verwandt war.

Dass Andrea diese Lieder nicht in einer zyklischen Sammlung, sondern in lauter Einzelexemplaren besessen, oder dass ihm eine, von unseren zyklischen Handschriften völlig abweichende Sammlung vorlag, sind Möglichkeiten, die ich für gänzlich ausgeschlossen, ja nicht einmal ernstlicher Diskussion für würdig erachte.

Die einzige Frage, die aufgeworfen werden kann, ist die: ob unserem Romanschreiber in seiner reichhaltigen Bibliothek nicht etwa — neben jener zyklischen Handschrift — einzelne Lieder vorlagen, die in unseren Sammlungen keinen Platz gefunden haben, oder ältere Fassungen von solchen, die uns nur in den jüngeren, zyklischen Versionen zugekommen sind.

Ich stelle beides in Abrede.

Man hat Andrea die Kenntnis eines Aïmerliedes zugeschrieben; aber sein Bericht über die Eroberung Spaniens durch Aïmer, unepisch, wie er ist, erscheint als freie Ausführung der durch *Guibert d'Andrenas* gegebenen Anregungen und steht im Widerspruch mit der Tradition, die Aïmer nach Italien und Venezien weist. Man spricht von einer anders gefassten *Prise d'Orange* und der verlorenen Fortsetzung dazu, dem Siège d'Orange; allein, die abweichende Darstellung der Storie ist nicht mit Hülfe uns unbekannter epischer Motive, sondern mit augenfälliger Ausbeutung von *Aliscans* fabriziert worden, desgleichen die Ausfüllung der in unserer Ueberlieferung klaffenden Lücke. Nirgends kann man in Andreas Roman etwas vorführen, das sui generis wäre und doch episches Gepräge hätte. Denn als solches kann man weder seine typischen Schlachtengemälde noch seine romanhaften Zugaben, wie Lionagios Abenteuer, anerkennen.

Wir haben die Frage aufgeworfen, welchen Wert die Storie Nerbonesi als Quelle für die Vorgeschichte der altfranzösischen Heldendichtung haben mögen. — Ich antworte: Keinen!

Von Wilhelm Korneis.

(**Karlamagnus-Saga, neunter Teil**).[1])

1. Das wird erzählt, als König Karlamagnus einen mächtigen König erschlagen und eine mächtige und starke Burg erobert hatte, dass dieser König ein hübsches junges Weib und zwei junge schmucke Knaben hinterliess. Da war mit Karlamagnus der Mann, der Wilhelm Korneis hiess; er war der ausgezeichnetste Mann und von dem vornehmsten Geschlecht. Es wird von ihm gesagt, dass kein Streiter von grösserem Ansehen bei Kaiser Karlamagnus war, ausgenommen Rollant, sein Freund. Wilhelm war ein so grosser und starker und guter Ritter, dass keiner ihm gleich kam. Karlamagnus liebte ihn sehr und verlieh ihm jetzt dieses Reich, das er neulich erobert hatte; er gab ihm die Frau, von der eben gesprochen wurde, und das ganze Reich und den Königstitel dazu. Und alsbald zog er heim nach Frankreich mit Ehre und Sieg. Wilhelm aber beherrschte sein Reich mit grosser Würde und Beliebtheit. Nun geschah es eines Tages, dass Wilhelm sein Haupt in den Schoss seiner Frau gelegt hatte, und es befiel ihn eine schwere Ermattung. Sie hielt aber ihre Hände hin und strich seine Locken zurück und gewahrte auf seinem Haupte ein graues Haar,

---

[1]) Karlamagnus Saga ok kappa hans, udgivet af C. R. Unger, Christiana 1860. (Niundi parter. Af Vilhjálmi Korneis). — Mein Freund und Kollege Gedeon Petz hatte die Freundlichkeit, die Uebersetzung durchzusehen und mir bei Erklärung schwieriger Stellen behülflich zu sein, wofür ich ihm hier meinen Dank ausspreche. Verbesserungen verdanke ich auch Prof. W. Cloetta.

und sie stiess sein Haupt von sich und sprach unklugerweise: „Fort mit dir Altem!" sagt sie. Aber er wachte auf und hörte, was sie gesprochen hatte, und sagte: „Es kann sein, dass du jetzt von dir stösst, was du bald mit Thränen zurückverlangen wirst," und sprang auf. Da sprach sie: „Mein Herr, sagt sie, das war Scherzrede." Wilhelm sprach: „Zu dieser selben Stunde werde ich dich verlassen, dich und deine Söhne und all das Reich, denn von nun an werde ich Gott dienen." Da sprach sie: „Thue das nicht, mein Herr." Er liess sich seine Waffen geben und setzte den Helm auf das Haupt und gürtete das Schwert um. Da fing die Frau an zu weinen. Wilhelm sprach: „Weine jetzt nicht, sagt er, lebe glücklich mit deinen Söhnen und bleibe in deinem Reich; sende Botschaft an Kaiser Karlamagnus, dass er deinen Bruder Reinald hersende, um das Reich mit dir zu schützen; denn du kannst fürderhin nicht mehr auf mich zählen für das Reich." Er hiess sein Pferd bringen, küsste dann seine Frau und sein Gesinde und stieg dann zu Pferde und bat, es möge sich Niemand nach ihm erkundigen. Sie blieben nun alle voll Traurigkeit zurück, und nun erfuhr lange kein Mensch etwas von ihm. Er kam schliesslich zu einem Kloster südwärts im Lande bei einem Walde, und es wurde ihm von den Verwaltern des Klosters Herberge bereitet. Der Abt fragt ihn nach dem Namen, und er sagt, er sei ein Ausländer. Und als die Nacht verstrichen war, sagt er dem Abt, dass er sich da niederlassen möchte. Der Abt sprach, er denke, dass er ein grosser Kriegsmann sein müsse, und nun seien sie es zufrieden, dass er sich da niederlasse. Seine Waffen wurden im Münster aufgehängt, und er zog Mönchskleider an. „Nachdem ich mich, spricht Wilhelm, viel gegen Gott vergangen habe, erbiete ich mich zu jeder Dienstverrichtung des Klosters." Der Abt spricht, sie würden es annehmen. Wilhelm war nun da zur Mühwaltung, und als er eine Weile dort gewesen war, fand er, dass sie ihre Gedanken mehr an weltlicher Pflege denn an rechter Befolgung der Regel hatten. Und Wilhelm sprach darüber mit dem Abte; aber dieser wurde zornig und sagte, dass er dreist sei. Und so fuhr er fort mehrere Jahre. Aber jedesmal, wenn Gäste kamen, hielt sich Wilhelm einsam; im Stillen sprachen die Brüder darüber und meinten, es geschähe von ihm verübter Missethaten wegen.

2. Eines Winters, als die Julzeit nahte, sprach der Abt zu den Brüdern, dass die Lebensmittel im Kloster ausgingen. Zwei Wege führten zur Kaufstadt, der eine lang, der andere kurz und gut; aber es lagen Räuber an diesem, und die Zeit war knapp. Da sprach Wilhelm: „Ich bin bereit, wenn ihr mich senden wollt." Die Brüder sagten, es sei recht. Der Abt antwortet: „Warum wäre das nicht recht, dass du gehest?" Wilhelm sprach: „Gestattet ihr, dass ich den Weg gehe, welcher mir beliebt?" Der Abt sagte, dass sie es gestatteten. „Gestattet ihr, sagt Wilhelm, dass ich das Eigentum des Klosters verteidige?" „Das gestatte ich nicht," sagt der Abt. Wilhelm sprach: „Soll ich ruhig dastehen, wenn ich beraubt werde?" — „Du sollst dich nicht mit Kampf wehren," sagt der Abt. Da sprach Wilhelm: „Gestattest du mirs, wenn ich angegriffen und der Kleider entblösst werde? Oder soll ich unbekleidet von dannen gehen?" Der Abt antwortet: „Es ist klar an diesen Worten und an deinen Fragen, dass du ein gewaltthätiger Mensch gewesen bist. Ich gestatte, dass du dir das Hemd (*skyrtunni*) nicht nehmen lässt, aber die andern Kleider sollst du dir nehmen lassen." Wilhelm sprach: „Heiss deinen Goldschmied mir einen Hosengurt machen und mit Gold schmücken." Und so ward gethan. Darauf verschaffte man ihm einen Führer. Sie hatten zwei Esel bei sich und gingen den längeren Weg; sie kamen zur Kaufstatt und kauften Malz und Weizen; aber als sie fertig waren, da war es kurz vor Julzeit, so dass sie zum Julfest nicht mehr heimkommen konnten, wenn sie den längeren Weg nahmen. Als sie dahin kamen, wo die Wege sich schieden, da sprach Wilhelm: „Jetzt werden wir den kürzeren Weg gehen." Der Führer antwortet: „Nun merke ich, dass du wahnwitzig bist, dass du uns beide verderben willst, dich und mich und alles, was wir mit uns führen." Wilhelm sprach: „Das habe ich in der Kaufstatt erfahren, dass die Räuber fort sind." Sie schlugen den kürzeren Weg ein und gingen Nacht und Tag und wurden nichts gewahr, und gingen so lange, bis

sie am Vorabend des Julfestes das Kloster erblickten, und sie glaubten, sie wären der Gefahr entronnen. Wilhelm schritt voraus und trug die Kutte und hatte den Hut auf und hielt einen Stab in den Händen, und der ihn begleitete, ging hinter ihm her und trieb die Esel. Und als Wilhelm es am wenigsten erwartete, läuft der, der hinten ging, zu ihm her und sagt, dass die Räuber hinter ihnen herlaufen. Wilhelm sprach: „Geh voraus zum Kloster, ich werde sie erwarten." Da kommen zwölf Männer ganz bepanzert und fragten, wer dieser wäre, der fortlief?[1]) Wilhelm nennt sich und fragt, wer ihr Anführer sei. Dieser nannte sich Dartiburt. „Und wir wollen haben (sagt er), was du an Hab und Gut mitführst." Wilhelm sprach: „Das ist Eigentum des Klosters; gebet Frieden um Gottes willen, so mag es euch gut bekommen, andernfalls gereicht es euch bald zum Uebel." Da lief einer von ihnen auf ihn zu und schlug ihm mit dem flachen Schwert um die Schultern. Da sprach Wilhelm: „Theure Frau Maria, schütze mich in dieser Prüfung, dass ich ausharren möge." Darauf nehmen sie ihm alle Habe weg, die er mitführte, und wenden sich dann fort. Der Abt stand draussen mit seinen Brüdern und schaute zu. Als aber die Räuber fortgehen wollten, da sprach Wilhelm: „Ihr seid seltsame Menschen, nehmt die Speisen, die überall zu haben sind, und nehmt den kostbaren Schatz nicht, den ihr hier sehen könnt." Sie sprachen: „Fürwahr du bist ein Thor, und Unholde haben dir die Zunge sehr aus dem Kopf gezogen." Alsbald kehren sie zu ihm zurück und packen ihn an. Wilhelm sprach: „Gehet nun nicht so schlimm mit mir um, stosst mich nicht, hebt eher die Kutte auf und nehmt da den kostbaren Schatz." Der Hosengurt war aussen an der Hose befestigt. Da greift einer zu und reisst ihm den Hosengurt weg und sprach: „Es ist wahr, dass das das wertvollste ist." Und alsobald trieb er ihm

---

[1]) — hverr sá vaeri hrottinn. — *hroll* part. v. *hrjóta*? Die Frage kann sich, so verstanden, nur auf den Führer beziehen. Es ist natürlich, dass die Räuber zunächst nach dem fragen, der ihnen zu entkommen droht. Der Gedankensprung in Wilhelms Antwort ist leicht zu ergänzen: Das ist nur mein Führer, meint er, ich hingegen bin ein Bruder aus dem Kloster, usw.

den Kopf um.¹) Da ward Wilhelm zornig; er hatte keine Waffen, er läuft zu dem einen Esel und fasst ihn bei seinem Fuss, dass er gleich umfiel. Wilhelm reisst ihm den Bug ab und springt auf den zu, der ihm am nächsten stand, und schlug ihn zu Tod, und gleich darauf einen andern. Die übrig sind, wenden sich weg und gleich in den Wald. Da geht Wilhelm zum Esel und sprach: „Grosses Unrecht habe ich gethan an diesem Geschöpf Gottes, das gequält wird für meine Vergehen." Er legt den Bug wieder dahin, wo er gewesen war, und fleht zu Gott. Aber wie er das Gebet beendet hat, steht der Esel geheilt auf. Er fuhr nun heim zum Kloster und war da mit Anbruch der Nacht; da waren die Thore geschlossen, und er bricht einen Thürflügel auf und sah keinen Menschen. Der Abt und die Mönche hatten sich geflüchtet und meinten, dass dieser Mann von Sinnen sei. Wilhelm heisst sie sich zeigen, und als er sie findet, züchtigt er einen Jeden da, wo er ihn findet. Er fand den Abt in der Kirche vor dem Altar und züchtigte ihn da und sprach: „Ein beklagenswerter Mensch ist der, welcher euch dient; ihr seid thatlos und lieblos vor Gott! Und lasst euch diese Züchtigung zu Nutzen sein!" Darauf verschwand er und kein Mensch erfuhr etwas von ihm.

3. Als König Karlamagnus die Wegfahrt Wilhelms erfuhr, ward er betrübt und setzte Geiseln dazu, dass er ihn auffände, und Keiner erfährt etwas; er ist verschollen. Spät und früh forscht er nach ihm, ob er ihn auffinden könnte, und das geschieht nicht. Das härmt ihn nun sehr, dass seine Krieger von ihm waren, Rollant gefallen und die zwölf Genossen, Oddgeir der Däne hinweg und Othuel, er selbst aber gealtert, Wilhelm verschwunden. Da versammelten sich seine Feinde und wollten sich an ihm und seinen Freunden rächen. Zu diesem Krieg rüstet sich Fürst Madul der König, er war ein Bruder des Königs Marsili, der mit Rollant in Runzival kämpfte; er zieht ein grosses Heer zusammen und fuhr von Süden über Land; er brach Burgen und verbrannte

---

¹) *Ok síðan rak hann um höfuð honum.* Offenbar ist gemeint, dass Wilhelm dem Räuber den Kopf einschlägt, wie im französischen Liede. Das Aufwallen des Zornes im obigen Bericht bezieht sich auf das gleich folgende Ausreissen des Buges.

Schlösser und erschlug Männer wegen König Karlamagnus. Karlamagnus war da so mächtig geworden, dass sich diesseits des Meeres alle Könige vor ihm neigten. Und nun, da er die Kunde von dieser Heerfahrt erhält, da sendet er Botschaft allen Königen und Herzogen und Grafen und allen, die Lehen von ihm besassen. Andererseits sendet er Leute, um Wilhelm zu suchen, zur See und zu Land, und nie finden sie ihn auf, weder lebend noch tot. Es versammelt sich nun um den König ein zahlreiches Gefolge, und er ordnet sein Heer den Heiden gegenüber, und da hat er viel weniger Volk als diese.

4. Damit hebt meine Erzählung an, dass in den südlichen Landen ein Mann wohnte und verheiratet war, der Grimaldus hiess; das war in der Nähe eines Waldes, nicht sehr entfernt von anderen Menschen. Er war höher an Wuchs als andere Männer, sehr bärtig und eher als sanftmütig bekannt. Er war sehr wohlhabend, er besass viel gute Pferde und Ueberfluss an Waffen, er pflegte selbst seine Heerde längs des Waldes zu hüten. Eines Tages, da er bei dem Walde war, kam zu ihm ein Mann, der trug eine Kutte und war um den Kopf grösser als Grimaldus. Der Mann sprach: „Welchen ansehnlichen Mann habe ich die Ehre zu grüssen?" sagte er. Grimaldus strich sich den Bart und nannte seinen Namen und fragte seinerseits, wer ihn anrede. Er antwortet: „Das wirst du später erfahren, aber heute ist es mir nicht erlaubt, es zu sagen; allein ich bin dein Nachbar, und es ist nicht weit zwischen unseren Wohnungen. Aber was giebt es für Begebenheiten im Lande?" sagt der Kuttenmann. „Schlimm sind die Zeiten, sagt Grimaldus, Furcht über allem Volk; König Karlamagnus ist in grosser Angst, die Fürsten verlassen ihn, und es scheint mir wahrscheinlich, dass er eine Niederlage erfahren wird, und bei einem alten Baum ist der Fall zu gewärtigen. Er sehnt sich nach Wilhelm Korneis, und Niemand findet ihn auf; auch wir sind zu jenem Heerhaufen aufgeboten worden, aber es dünkt den Männern jetzt nicht gut hinzugehen." Der Kuttenmann sprach: „Die Not gebietet hinzugehen, und doch sehe ich, dass es dir sehr unlieb ist zu gehen; aber Ruhm werden die erlangen, die mitziehen."

Grimaldus sprach: „Einige sagen, der König wage nicht zu kämpfen, und das weiss ich, dass mir sehr davor bangt, in den Kampf zu ziehen und mich von meiner Frau zu trennen." Da sprach der Kuttenmann: „Diesen Tausch können wir machen: lass mich kämpfen an deiner Statt, aber du erweise mir gute Nachbarschaft; ich bin so begierig nach dieser Fahrt, dass ich davor nicht schlafen kann." Grimaldus sprach: „Das will ich gerne, so wahr ich länger leben mag." Der Kuttenmann sprach: „Hast du gute Pferde?" Er antwortet: „Gute," sagt er. Der Kuttenmann sprach: „Hast du gute Waffen?" — „Sie dünken mich gut," sagt Grimaldus. Der Kuttenmann sprach: „Füttere nun das Pferd mit Korn einen halben Monat, und am festgesetzten Tage treffen wir uns wieder." Und so that Grimaldus, und zur festgesetzten Zeit trafen sie wieder zusammen. Da sprach der Kuttenmann: „Nun werde ich dein Leben einlösen, aber du, sage das keinem Menschen." Alsdann läuft er auf ihn zu und hebt ihn in die Höhe [1]) und erkundigt sich nun, was vom König berichtet wird. Grimaldus antwortet: „Jetzt bereitet er sich zum Kampf." Da sagte der Kuttenmann: „Willst du unseren Vertrag halten?" — „Ja, ja," sagt er. Da geht er (der Kuttenmann) zu dem Pferde und stiess an seinen Fuss, und er [2]) gab nicht nach. Dann richtet er den Sattel und hielt das Pferdegeschirr. Und da sprach er: „Das ist ein gutes Pferd." Dann liess er sich einen schwarzen Bart machen, er setzte sich den Helm auf den Kopf, und es war nichts sichtbar von seinem Antlitz als die Augen; er gürtete sich das Schwert um und nahm den Spiess in die Hand und stieg zu Pferd und hatte ein streitbares Aussehen wie Keiner. Da sprach Grimaldus: „Das wäre vortrefflich, wenn lauter solche Männer zum König zögen." Jener kommt nun zum Heer des Königs Karlamagnus und tritt zu der Abteilung, der Grimaldus zugeteilt war. Der Kaiser hielt da Versammlung mit seinem Gefolge und stand auf in der

---

[1]) Unklar. Vermutlich ist der Sinn der, dass der Kuttenmann, der mit den obigen Worten vor Grimaldus getreten war, als dieser sich vor ihm verneigt, auf ihn zugeht und ihn aufrichtet.

[2]) D. h. der Fuss, — es könnte auch auf das Pferd bezogen werden, was übrigens den Sinn nicht ändert.

Versammlung und sprach: „Bekannt ist den guten Mannen dieser Schaden und Verlust an Männern, den wir durch die Heiden erlitten haben, und Gott hat dafür so gut gesorgt, dass immer einer an Stelle des andern erstanden ist; aber Rollant haben wir so vermisst, dass wir keinen bessern erwarten können. Nun ist auch Wilhelm fort, der der trefflichste von meinen Kriegern war, und jetzt ist die Hoffnung verschwunden, dass er wiederkommen werde; denn er ist überall gesucht worden, und Niemand konnte ihn finden. Nun werden wir mit den Heiden kämpfen und schicken uns an zum allerschwersten Gefecht, und erinnern uns daran, dass Christus uns immer den Vorteil verleiht. Und wenn Jemand ist, der mir von Wilhelm sagen kann, der soll von meinem Schatze sein eigenes Gewicht an Gold erhalten; und wer König Madul zu Schaden bringt, der soll von mir den Grafentitel und meine Tochter bekommen; wenn er aber bereits Graf oder Herzog ist, so soll er König werden. Haltet euch männlich und gewärtigt eines von beiden, Sieg oder Tod." Da war der König sehr ergriffen und vergoss Thränen. Die Versammlung ging nun auseinander, und die Kriegshörner wurden geblasen, und Jeder rüstete sich, so er am besten konnte. Grimaldus war der erste zu Pferde und feuerte seine Schar zum Angriff an. Darüber wunderten sich die Leute, dass er sich so kühn bezeigte; denn er war nicht als mutiger Mann bekannt. Er wendete sich von seiner Schar zu der Abteilung, die der König selbst befehligte. Die Heiden hatten nun ein Drittel mehr Leute. Grimaldus war viel grösser als andere Männer und sein Helm ragte aus dem Haufen empor. Dem Banner des Königs Karlamagnus gegenüber liess der Heidenkönig sein Banner tragen; vor König Karlamagnus ritten neun Krieger, die vor ihm her Bahn machten. Grimaldus war in der vordersten Reihe, und als die Heere zusammenstiessen, entstand ein grosses Gemenge; und da stiess Grimaldus sein Pferd mit den Sporen, und es stürmte vorwärts, dass sie nach beiden Seiten zurückwichen (?). Er ritt am König vorbei so hart und nahe, dass das Pferd ihn berührte, und der König neigte sich über das Pferd und schaute ihn an, und einer sah dem andern in die Augen.

Grimaldus hielt sich nicht auf und ritt weiter in die Schar der Heiden, und der König lächelte. Grimaldus hieb nach beiden Seiten und drang vor bis zum Banner des Heidenkönigs und schlug den Bannerträger und sieben andere Ritter, die die besten waren. Und hernach hatte er einen Waffengang mit dem König der Heiden, und einer legte gegen den andern ein. Der König stiess mit Kraft auf Grimaldus und sein Speerschaft barst entzwei. Und da stiess Grimaldus auf den König und durch seinen Schild und doppelten Panzer und traf auf die unterste Rippe, und sein Speerschaft brach entzwei. Aber sie sassen so fest in ihrem Sattel, dass keiner von beiden vom Pferde fiel. Da wendet sich der König hinweg und schlägt einen Ritter und senkt ihm das Schwert in die Brust und haut das Pferd entzwei. Aber Grimaldus war weiter geritten und hatte zwei Ritter getötet, und nun reiten sie beide wieder gegen einander. Wie Grimaldus den Schaden seiner Leute sieht, kehrt er zurück und dahin, wo der Heidenkönig war, und haut ihn sofort an den Hals, so dass er das Haupt abschlug, und er hebt es in die Höhe und ruft, dass sie die Heiden überwunden haben. Und sofort fangen sie an zu fliehen, und der König verfolgt die Flüchtigen. Alsdann kehrt er zurück, und wie er zur Walstatt kommt, da ist das Haupt des Heidenkönigs fort, aber der Rumpf geblieben. Er lässt den Rumpf in sein Reisezelt bringen und sagt, er werde sein Wort erfüllen. Mehrere Ritter kamen da und brachten dem Könige einen Kopf und sagten, er gehöre zu dem Rumpf, aber der König hört nicht auf ihre Rede und sagt, er werde den Mann erkennen, der den König erschlug.

5. Nun ist weiter zu erzählen, wie der Kuttenmann und Grimaldus sich wieder trafen. Als dieser das Haupt sieht, da fragte er: „Woher hast du dieses Haupt?" Der Kuttenmann sprach: „Hierfür sollst du grosse Ehre empfangen. Nimm deine Waffen und reite zum König und bitte ihn dich zum Grafen zu machen, und lebe glücklich mit deiner Frau, und sei bereit mir zu folgen, wenn ich wieder zu dir komme." Nun steigt Grimaldus zu Pferd und reitet zum Heer und vor den König und sprach: „Gott segne Euch, Herr! Kennt Ihr dieses Haupt, das König Madul besessen

hat?" König Karlamagnus blickte das Haupt an und setzte es auf den Rumpf und sprach: „Dieses Haupt gehört wohl hieher, allein wer ist dieser Ritter?" — „Ich heisse Grimaldus, sagt er, und ich schlug das Haupt ab." Der König sprach: „Einmal habe ich dieses Pferd gesehen und einen guten Ritter darauf; aber wo ist er jetzt?" Grimaldus antwortete: „Niemals sass ein anderer Ritter auf diesem Pferde als ich, und nie kam ein anderer in diesen Sattel. Aber ich verlange das von Euch, was Ihr versprochen habt." Der König sprach: „Wisse nun, dass ich alt werde und das Alter mir die Augen sehr schwächt, wenn du der bist, den ich anstiess und der zwei Krieger erschlug. Und für deine Lüge sollst du gegen einen meiner Ritter reiten, oder mir sagen, wer diese Heldenthat vollbrachte. Ich vermeinte einen Augenblick Wilhelm zu erkennen." Da antwortet Grimaldus: „Ich bitte noch einmal um das gleiche, aber nicht um deine Tochter, denn ich bin bereits verheiratet." Der König liess ihn vor sich treten und schaute ihn an und sprach: „Erschrocken war ich, als mir diese Augen die Augen Wilhelms schienen. Sag nun, wer dir dieses Haupt gab." Er antwortet: „Ich hob es auf, als ich es vom Rumpfe schlug." Der König schwieg einen Augenblick und sprach dann: „Es soll geschehen, was der zu beschliessen für gut fand, der dir das Haupt gab; was verlangst du nun von mir?" Grimaldus sprach: „Den Grafentitel und die Würde, die damit verbunden ist." Der König antwortet: „Ich werde dich zum Grafen machen über eine Burg." Darauf liess der König sein Zelt abbrechen und fuhr heim mit grossem Triumph. Er gab Grimaldus den Grafentitel; und er war der geringste unter seinen Grafen.

6. Einige Jahre später geschah es in einer Nacht, dass es Grimaldus träumte, dass ein Mann zu ihm kam, und er glaubte den Kuttenmannn zu erkennen. Der heisst den Grafen aufstehen und zum König gehen und ihm sagen, dass ihr beide in denselben Wald fahren sollt, wo wir beide uns trafen; und südwärts, wo der Wald am dichtesten ist, da werdet ihr einen kleinen Pfad finden; und wenn du aus dem Walde kommst, da wird sein eine grüne Fläche unter einer Felswand und Wald ringsum, und ein grosser Fels-

vorsprung geht von der Felswand, und darunter ein Thal und in dem Thal eine Felsenhöhle; da werdet ihr meine Leiche finden, da habe ich 25 Jahre gelebt. Und ich will, dass Karlamagnus eine Kirche bauen lasse und Männer hinbringe um Gott zu dienen, dann wirst du aller Schuld gegen mich ledig sein." Darauf verschwand er, und Grimaldus wachte auf und erzählt den Traum seiner Frau. Sie sprach: „Stehe eilig auf und sage es dem König; es ist nicht ratsam zu säumen," sagt sie. „Du treibst mich unvorsichtig an, wenn ich etwas Schlimmes vor den König bringe, sagt er; da werde ich aus dem Reiche verbannt werden." Er schläft ein zweites Mal ein, und es kommt zu ihm derselbe Mann, sehr erzürnt und sprach: „Du erinnerst Dich wenig daran, dass ich dir gutes gethan habe, und hiefür wirst du das Leben einbüssen, wenn du nicht gehst." Er wacht auf und sagt es seiner Frau. Sie bittet ihn sich nicht zu weigern. Er erzürnte über ihre Worte und schlief zum dritten Mal ein', und sogleich erschien ihm dieser Mann und war im höchsten Grade erzürnt, und schlug ihm mit seinem Stab auf den Kopf und sprach: „Steh jetzt auf, elender Mensch, und geschieht es ebenso wenig als vorher, so sollst du etwas bekommen für dein störrisches Betragen, eines von deinen Augen soll herausspringen." Darauf verschwand er. Und alsbald stand der Graf eilig auf und reitet mit seinen Leuten eilig zum König und erzählt ihm genau den ganzen Vorfall. Aber der König bricht gleich auf, und sie gehen nach der Weisung des Grafen und fanden da, wo angegeben war, einen jüngst verstorbenen Mann, und er blickte gen Osten. Da war ein kostbarer Geruch, dass, wer dabei war, sich ins Paradies gekommen wähnte. Der Kaiser erkannte seinen treuen Freund Wilhelm Korneis und war da hocherfreut; er liess seinen Leichnam mit grossen Ehren in die Erde bestatten. Er liess daselbst eine Kirche errichten und schenkte ihr grosse Ländereien und viel andere Habe. Alsdann nahm er Grimaldus den Grafentitel und setzte ihn als Verwalter an diese Stätte; und Grimaldus und seine Frau dienten da Gott, so lange sie lebten, und manche andere ebenfalls. Aber Karlamagnus fuhr heim nach Frankreich mit seinen Mannen.

Ulrichs von Türheim
Mönch Wilhelm
im Auszug
nach der Heidelberger Hs. cod. pal. germ. 404 f° 256 a 4 — 271 a. — 3378 Verse.

Nachdem Ulrich die Geschichte Malifers erzählt hat, kehrt er unvermittelt zu Willehalm zurück,[1]) ohne Begeisterung;[2]) doch seine Dichterehre, der Wert des Stoffes und der erwachende Lenz bewegen ihn die Arbeit fortzusetzen. 256 ab.

Kyburc und der Markis sind vor Alter ergraut. Eines Tages wirft sich Kyburc dem Markis weinend zu Füssen und bittet ihn bei allem, was sie für ihn gethan und verlassen hat, er möge ihr die Gewährung einer Bitte zusagen.[3]) Er heisst sie sich erheben und niedersetzen, da er ihr aber die Zusage verweigert, fällt sie in Ohnmacht; er eilt nach Wasser und bringt sie wieder zu sich und giebt ihr nun das Versprechen. Sie bittet um die Erlaubnis in eine Klause zu ziehen; denn sie seien nun alt und müssten ihr ewiges Heil bedenken. Vergeblich sucht er ihr den Vorsatz auszureden; sie gemahnt ihn an das, was sie für ihn ertrug, bevor Orense in seine Gewalt kam;[4]) auch er sucht sie durch die alten Erinnerungen umzustimmen[5]) und entfernt sich schliesslich, ohne die erflehte Erlaubnis zu erteilen. Da kommt Gottes Lehre in seinen Sinn, er kehrt um und verkündet Kyburc seinen Entschluss, mit ihr der Welt zu entsagen, obwohl es ihm Leid thut, Profenzal, sein Land, und das Volk ohne Schirm zu lassen, und das Scheiden ihm schwer fällt; es kostet Kyburc noch manches eindringliche Mahnwort, bis er das letzte Wanken überwunden hat. 256b—258a.

Willehalm besendet nun die Herren im Lande und weist sie an König Loys, der ihnen einen neuen Schirmherrn geben soll.⁶) Bei der Stadt ze Fameruse*) lässt er eine Klause errichten, in die sich Kyburc begiebt. Beim Scheiden sind beide sehr bewegt, und Kyburc reicht Willehalm zum Andenken einen von ihr gewirkten Niedergurt von Seiden mit Buchstaben in rotem Gold.⁷) Nachdem die Klause beschlossen ist, wendet sich der Markis gen Arverne, wo bei der Stadt Prides die Zelle zu Sankt Julian lag, in der einst Rennewart Busse gethan. Willehalm begiebt sich zum Abt und macht ihm und der Versammlung seine Absicht kund: er habe Weib und Kind verlassen und wolle nach der Regel des Klosters leben. Der Abt heisst ihn den Harnisch ablegen und Platte und Mönchskleider tragen. Willehalm bittet den Harnisch wohl zu pflegen, damit er es wehren kann, wenn man den Mönchen von dem Ihrigen nehmen will, ob die Missethäter zu Fuss, zu Pferd oder zu Schiffe kommen. Bei diesen Worten erkennt ihn der Abt: „Seid Ihrs, Wilhelm der Markis, der manchen Preis erworben und Bruder Rennewart mit Euch fortgeführt?" Wilhelm bejaht es und bekräftigt seinen Entschluss: er sei in den Büchern gelehrt; sein grösstes Leid sei, dass er nicht Priester werden könne; er habe um Kaiser Karls Willen manchen Mann erschlagen, jetzt trage er Kutte und Platte gern und unterwerfe sich willig der Busse. Die Mönche, die ihn zur Messe führen, bittet er, ihn recht zu belehren über alle Gebote der Ordensregel.⁸) Nun lebt Willehalm keusch und rein, in Gebet und Reue, und denkt dabei stets an Kyburc, die gleichfalls seiner gedenkt und für ihn betet. 258a—259a.

Nach Ablauf des ersten Jahres beauftragt der Abt den Markis mit der Pflege der Gäste, der deutschen und der welschen. Willehalm möchte lieber singen und lesen und muss erst belehrt werden, dass all sein Singen und Lesen vergeblich ist, wenn er den Gehorsam nicht leistet. Er übernimmt das Amt und verwaltet es freigebig. Aber die Pflege des Gasthauses verdriesst ihn; sein Leib ist vom

---

*) Wiener Hs. *Phamerous*. Später heisst es beim Palast von Termis, was vielleicht das ursprüngliche ist.

Alter träg geworden, und oft muss er mit den Gästen reden, wenn der Orden Schweigen gebietet. Kniefällig bittet er den Abt, ihn von dem Amte zu entbinden. 259a — c. Der Abt thut es, und da eben der Bruder Förster kommt und klagt, wie man das Holz des Klosters fällt und stiehlt und ihn selbst bedroht, wenn er es wehren will, so giebt ihm der Abt Willehalm mit, nachdem er ihn von Sünde freigesprochen. Mit Drohungen schreckt dieser zuerst die Diebe ab; eines Tages merkt er an einem gefällten Baum, dass ihm doch wieder Holz gestohlen wird; bald hat er die Uebelthäter gefunden. „Es soll Euch reuen," fährt er sie an. — „Bruder, seid Ihr von Sinnen? Wenn Ihr näher kommt, soll Euer Rücken die Schläge vergelten." — „Das wäre schön, dass man mich zum Schaden noch schlüge." Er heischt ein Pfand von den Dieben; sie verspotten ihn und verlangen von ihm Gewand, Pelz und Kutte und fangen an ihn zu stossen. „Das ist missgethan, ruft er; ich bin ein armer Klostermann und Ihr werte Knappen; ich werde mich um meine Kappe wehren, dass Euch der Holzdiebstahl gereut, Euer Leben soll es entgelten." Mit der Faust und dann mit einem Aste, den er liegen sieht, erschlägt er viere auf der Stelle, die fünf andern auf der Flucht. Er lässt sie liegen und kehrt zum Kloster zurück. Der Abt spricht zu den Mönchen: „Dort kommt unser Holzwart, was kann sein Kommen bedeuten? Meine Angst ist nicht klein; ich fürchte er hat etwas gethan, was besser unterblieben wäre." Willehalm wird freundlich empfangen und berichtet, er habe neun Mann, die ihn berauben wollten, in der Notwehr erschlagen.[9]) Der Abt dankt Gott mit Thränen, dass Willehalm nicht erschlagen worden ist, und da dieser eine Busse begehrt, meint er, es sei Gottes Gebot, dass man sein Gut verteidige; es seien nur Sarazenen (Heiden) gewesen, die ihn zum Kampf zwangen. Der Abt erteilt ihm Ablass, und Willehalm bittet um ein anderes Amt, da dieses für ihn zu bequem sei. Als die niedrigste Verrichtung im Kloster erhält er die Pflege der Hühner, die er auf das gewissenhafteste besorgt. 259c — 260c.

Nach acht Jahren stirbt Kyburc. Willehalm ist so betrübt, dass er sich ganz in die Einsamkeit zurückziehen will; er hat die Zuversicht, dass Gott ihm des Leibes Nahrung bescheren und ihm seine Stätte weisen werde. So scheidet er und lebt in einem Walde, wo er sich aus Rinde ein Obdach wider die Witterung errichtet; jeden Tag erhält er Essen und Trinken durch ein Wunder vorgesetzt. Fünf Jahre weiht er so dem Gebet und hat nur ein Leid, Kyburcs Tod. 260c—261b.

Da fuhr nun Matribuleiz, Terramers Sohn, in das Land, und Loys, der beinahe verzagen will, beschliesst tausend Leute auszusenden, jeden mit einem Brief versehen, um Willehalm zu suchen. Einer — ein *garzun* Namens Bonmeschetis*) — hat das Glück ihn aufzufinden, er fällt aber bei seinem Anblick in Ohnmacht; Willehalm findet den Brief, liest ihn, bringt dann den Boten zu sich, lässt sich sein Anliegen auseinandersetzen, giebt sich zu erkennen und fordert den Gast auf, die Nacht bei ihm zu rasten. Zur gewohnten Stunde erscheint Speise und Trank für Beide; der Knappe verschlingt sie gierig, und bald fallen ihm vor Schlaf die Augen zu. In der Nacht verheisst Gott Willehalm seinen Beistand; am Morgen, da er aufbricht, richtet der Markis das zertretene Unkraut auf, die guten Kräuter lässt er liegen.¹⁰) Am Rande der Waldung schickt Willehalm den Knappen voraus, um für sich ein Scharlachgewand, Hemd und Unterkleid (niderwât) bereiten zu lassen und sein Pferd Volatin herbeizuführen. Der König lässt das siebenjährige (!) Fohlen holen, das sich wild gebart. Die Heiden sind entsetzt; Loys gestattet einem, ihm zu folgen, um sich mit eigenen Augen von Willehalms Ankunft zu überzeugen. Dem Könige eilt der Knappe voraus und bringt dem Markis, der sich inzwischen gekämmt, die Kleider: ein weisses Hemd, rote Hosen, das Scharlachgewand, Sporen, einen reichgewirkten Hut und das Schwert Tschoiuse. Wilhelm besteigt Volatin, der die Eigenschaften seiner Jugend nicht verlernt hat.¹¹) So reitet er Loys entgegen und findet den herzlichsten Empfang. Bald strömen auch Laien und Pfaffen,

---

*) Der Name wird in der Heidelberger Hs. *Bon mey Cheitis*, *Bemeschets* und *Bomeschets*, in der Wiener *Won meytscheris*, *Bomeschiez* und *Bomeschetis* geschrieben.

der Bischof selbst mit dem Heiligtume herbei. Wie die Heiden das vernehmen,[12]) veranlassen sie ihren König noch am selben Abend aufzubrechen und zu fliehen. Eine Stimme verkündet das Willehalm im Schlaf und gebietet ihm, in die Nähe von Munpasiliere zu ziehen und in einem Forste unter einem Gebirge ein Kloster zu bauen. Am Morgen besehen der König und der Markis die Lagerstätte der Heiden; wie ein „Schwertdegen" lässt der Markis sein Pferd springen. Der König befragt ihn nach dem Sinn seines Gebahrens mit dem Unkraut; Willehalm erklärt ihm, dass ihm die Unbill mit den Heiden nimmer zugestossen wäre, wenn er nicht die Edeln von sich gestossen und unedle Leute an sich gezogen hätte. Der König gelobt reumütig, das in Zukunft zu vermeiden.[13]) 261b—264b.

Nun kommen die beiden Schwager nach Paris; Willehalm weigert sich die Mark wieder zu nehmen, da er in einer Wüstenei bei Muntpasiliere ein Kloster zu Ehren der Jungfrau errichten soll. Der König will das Kloster reich beschenken. Auf seine Bitte besucht der Markis seine Schwester in Kurtonoyse, verbleibt einen Tag bei ihr und scheidet unter vielen Klagen. 264b—265a. Allein mit Volatin reitet er nach Munpasilier, wo ihn die Leute angaffen und anhalten; der Richter, der von Paris kommt, erkennt ihn und bittet ihn, sich ihrer anzunehmen gegen einen Riesen, der eben nach Paris zieht, um zu den Heiden zu stossen. Willehalm bedauert, ihm nicht begegnet zu sein; er lässt sich den Weg weisen und eilt ihm nach. Bei Sante Clô, an einem Mittag, findet er ihn schlafend; obwohl er keine (Schutz-) Waffen trägt, weckt er den Riesen, der auch nur eine Stange zur Wehre hat. Seinen ersten Schlägen entzieht sich der Markis behend, er haut ihm die Hand ab, dass ihm die Stange entfällt; wie ihn der Riese nun fassen will, rennt Willehalm ihn an und durchbohrt ihn. Den Vorteil des Christengottes über Machmet und Tervigant bedauernd, sinkt Ysare tot zur Erde.[14]) 265a—266a.

Eilends reitet Loys auf diese Kunde hinaus und lässt den Riesenleichnam nach Paris schaffen und dort begraben.[15]) Willehalm befiehlt Volatin dem König, legt seine Kleider ab und lässt sich vom Abt von Sankt German eine Kappe leihen. In die Einsamkeit zurückgekehrt, baut er eine Hütte aus Steinen und deckt sie mit Rinde. [16]) Loys sendet ihm Werkleute und Speise, und bittet seine Gaben anzunehmen, da die Königin einst an dem Orte wolle begraben werden. Willehalm bittet um zwei Priester, damit sie ihm beim Nahen des Todes beistehen könnten. Mit Hülfe der zugeschickten Maurer und Zimmerleute wird der Klosterbau begonnen. 260a—d. Auch eine Brücke will der Markis über das Wasser bauen lassen. Er trägt selbst Steine zum Bau. Der Teufel reisst die Brücke dreimal nieder. Schliesslich lauert Willehalm eine Nacht auf, ergreift den Teufel beim Haar und stürzt ihn in die Flut, die ganz schwarz wird. [17]) 266d—267a. Nun baut Willehalm eine Kapelle und lässt sie an einem Sonntag unter grossem Zulauf des Volkes vom Bischof von Margolonie einweihen. Der Bischof will zuerst keine Speise annehmen, da er das Kloster arm wähnt; beim Mahl zeigt er Lust im Kloster zu bleiben, und lässt sich bereden, es unverzüglich zu thun, ohne den Urlaub des Papstes abzuwarten. [18]) 267a—c.

Auf Marias Geheiss holt Willehalm in Begleitung des Bischofs Christan Kyburcs Gebeine aus ihrer Zelle beim Palast von Termis ab;[19]) sie verteilen sich das balsamisch duftende Gebein und entfernen sich, bevor sie erkannt werden; unterwegs wird aber ein Knabe von angeborener Blindheit geheilt, indem er Wasser von den Gebeinen trinkt. Das Gebein wird in einem Marmorsarge in der Kapelle beigesetzt und wirkt dort Wunder. Die Königin Alyse und Loois bereichern das Kloster; Willehalm vermehrt die Zahl der Pfaffen und macht den gewesenen Bischof zum Abte. 267c—268c.

Es geschah wiederholt, dass dem Kloster sein Gut entwendet wurde; eines Tages waren auch die erwarteten Vorräte, Fisch, Wein und Brot, weggenommen worden. Willehalm erbietet sich die Räuber zu bitten, es in Zunkunft zu unterlassen, und erhält die Weisung, kein Gut mit Ausnahme des Unterkleides zu wehren. Er geht nun fünfzehn Meilen weit bis ans Meer und kehrt mit der Ladung zurück, als ihn die lauernden Räuber überfallen. Vergebens mahnt er vom Raube ab; sie verlangen seine Kleider, die er ihnen gerne geben will, bis auf das Unterkleid; beim Auskleiden bemerkt einer den Gürtel und trotz abermaliger Warnung will er ihn wegnehmen. Willehalm ruft Gott an, zuckt dem einen Maulthier einen Bug vom Leibe und erschlägt die Räuber damit. Auf seine Bitten heilt dann Gott das Thier; Willehalm führt die Speise zum Kloster und erzählt, wie es ihm ergangen ist; der Abt erteilt ihm Ablass, sobald er hört, dass er die Räuber nicht mit seiner kleinen Krücke, sondern mit dem Maulthierbug erschlagen hat.[20]) 268d—269b.

Abermals über sechs Jahre stirbt die Königin, und Loys bringt ihre Leiche nach dem Kloster, wo sie unter grossen Klagen neben Kyburc beigesetzt wird. Loys beschenkt das Kloster abermals und bestimmt, dass er dereinst neben Alyse begraben werden soll. 269b—d.

Seitdem wurde der Markis nicht wieder gesund; eifrig fastete und betete er in grosser Angst um seiner Sünden willen. Seine Hauptsorge war der Bau des Münsters. Täglich pflegte er einen Spaziergang zu machen, um sein Gebet zu verrichten. Eines Tages überraschte ihn die Dunkelheit; auf dem schmalen Steg glitt er aus und wäre abgestürzt, hätte er nicht durch Gottes Gnade in den Stein gegriffen, wie wenn es Wachs wäre. 270a. Nach fünf Jahren naht auch sein Ende. Das Münster ist fertig. Mit Fasten und Wachen hat er den Leib ertötet, jeden Tag beichtet er. Die Stimme, die auch früher täglich zu ihm sprach, kündet ihm die Todesstunde an. Er geht zum Abt und bereitet sich darauf vor. Ueber dem Beten bricht ihm das Herz entzwei; Engel holen seine Seele ab; Wohlgeruch kommt von seinem Leichnam, den man im Münster begräbt, allwo er Wunder wirkt. 270b—271a.

Anmerkungen.

¹) Des lîp ie was unverzagt
nach hochgelobten êren,
an den wil ich nu kêren
mit diesem süezzen maere.
256a 4—7.

²) Ich wil doch schiere hôren,
daz ich kein getihte mache.
Ich wil leben mit gemache
und nimmer buoch tihten mê.
Wizzet fürwâr ez tuot wê,
swer grôzze maer tihtet.
256a 16—21.

³) Markîs, mir armen wîbe
solt du verziehen keine bete.
Gedenke, ob ich ie getete,
dâr an dîn wille, hêrre, lac.
Mînen vater, den vogt von Baldac
liez ich durch dich, saelic man,
und swaz ich friunde ie gewan,
dâr zuo mîne hohen kint,
diu mir liep noch hiute sint;
daz hân ich allez durch dich
verlân. 356b 41—c 1.

⁴) Gedenke, hêrre markŷs,
mîn vil hertzelieber man,
waz ich arbeit ie gewan,
dô du gevangen laege,
wie schône ich dich dô pflaege,
und waz ich êren durch dich liez,
als mich diu hertzeliebe hiez.

Ich hete arbeit genuoc,
die ich, hêrre, gein dich truoc,
dô ich dir quam zu trôste,
und dich von der prisûn lôste.
In grôzzen noeten ich dô was,
ê zu Termis der palas
und Orense wurden dir;
des gedenke und urloube mir,
dâ von diu sêle mir genese.
256d 26—41.

⁵) Willehalm vil schône sprach:
Kein wunder groezzer nie ge-
    schach
an wîbe, danne dir ist geschehen.
Kyburc, ich muoz dir des jehen,
du hâst vil durch mich erliten;
ouch hân ich des niht vermiten,
ich entaete waz dîn wille was,
dô ich den êrsten brief gelas,
der mir von dir wart gesant.
Liebe frowe, des bis gemant,
daz ich sô gar dô taete
swaz an dem briefe du baete.
Ich enwas dannoch niht zu wîs
und het bejaget kleinen prîs,
dô twanc mich dîn grüezzen,
daz ich begunde büezzen,
swô was verzaget mîn ellen.
Kyburc, ich wil dir zellen,
swaz ich durch dich hân erliten.
Mîn lîp niht hât vermiten,
swes der brief kunde jehen,

daz sî gar von mir geschehen.
Einen mûzersperewaere
brahten mir dîne boten,
und woldest von den goten
dich durch mînen wille nemen —
des kunde dich durch mich
    gezemen;
und daz ich für Orense rite
und mit Tybalte strite
und mich dâ vâhen liezze.
Ich tet als du mich hiezze;
dînes gebotes niht verdarp,
dô mir der lîp niht erstarp,
und daz ich wart gevangen.
Vil gnâde hâst du begangen
an mir, reine saelic wîp.
Er het ertoetet mir den lîp,
wan das du mich nertes,
mîn leben dem tôde wertes.
Dô ich dâ gevangen lac,
dîn reine güete mîn pflac,
daz ich lebende schieht von dan,
dô ich mit dîner hilfe entran,
und mit her hin wider quam
und daz lant Tybalde nam,
dô was wol dîn gereinet lîp
ûf Orense, saelic wîp.
dô rante ich an die porten dar,
dô du wurde des gewar,
dô enspartes du die porte.
Dô was zu Tagraborte
Tybalt und Terramêr.
Frowe, ich hân dich mêr
gemant, dan du mich hâst getân.
    256d 45—257a 43.

6) Sie sprachen: Wir sîn ungenesen;
sît wir ân iuch muozzen wesen,
sô muoz verderben (gar) daz
    lant,
daz euwer menlîche hant
vil dicke, hêrre, hât erwert,
und manigen man den tôt be-
    schert.
Der gotes trôst uns wîse.
Wir sint mit künic Loŷse
an hilfe gar verwirret;

swaz diesem lande wirret,
daz weret sîn lîp vil kleine.
    258a 41—51.

7) Für wâr du daz wizzen solt,
daz dir nimmer missegât,
wîle daz dîn lîp den gürtel hât.
    253b 36—38.

8) Ich bin die buoch (wol) gelêret.
Ein leit mîn hertze sêret,
daz ich niht priester werden
    mac ...
Ich hân manigen man erslagen
durch Karlen den imparur ...
Der Abt sagt:
Wir sîn beide worden grîse,
sît daz ich iuch jungist sach ...
Willehalm:
Mîn lîp die kutten gerne treit
dar zuo die breiten blatten.
Ir sult mich ûf die matten,
lieber hêrr, heizzen legen
und züchtigen mit grozzen slegen
swô ich daz verschulde ...
Ir sult mich alle lêren,
daz ich den orden rehte tuo,
daz ich spâte und fruo
die tagezît rehte spreche
und kein gebot zubreche,
daz uns diu regel kundet.
    256d 21—23. 26. 27. 30. 31.
    36—41. 54—259a 3.

9) Er sprach: dô hân ich erslagen
vil starker manne niune,
und waren daz lariune;
sie wolden mich beroubet hân.
Notwernde hab ich daz getân.
    260a 42—46.

10) Willehalm kunde des niht lân,
swô er ein unkrût sach stân,
daz er hete getreten nider,
daz rihtet er schône wider.
Swô er danne ein krût ersach,

dem man guoter arte jach,
daz liez er ligen, als ez lac.
Wâr umme er der taete pflac,
daz kan ich iuch bescheiden
　　　　　　　　　　wol,
als ich iuch es nu sagen sol.
　　　262b 49 — c2.

11) Man zoch im Volatînen dar;
der war veizzet und vil gar,
bereitet nach wunsche wol.
Er sprach: Manige kummers dol,
Volatîn, hân wir geliten;
ich hân dich dicke dar geriten,
daz ich wânde, daz mîn leben
wurde dem tôde gegeben. —
Dô der fürste dar ûf gesaz,
under im getet ez nie baz;
Er hete gar die tugende,
der er pflac in der jugende.
Vil wol daz sînem hertzen tet.
　　　263b 17 — 19.

12) *Die Heiden sagen von Willehalm*:
Im ist diu nase gewahsen lanc.
　　　263c 51.

13) Nu sprach der künic Loŷs:
Vil hertzelieber markîs,
nu lâ dich niht betragen,
des ich dich wil fragen.
Mîn bote tet mir bekant,
den ich het nach dir gesant,
wâr umbe du daz taete,
swilch unkrût du nidertraete,
dîn hand daz wider rihte,
und ahtes daz zu nihte
daz krût von guoter arte;
des wundert mich vil harte,
zu wiehe dîn lip daz habe ge-
　　　　　　　　　　tân. —
Daz wil ich dich wizzen lân,
so sprach der werde markîs.
Hêrre, ich tet ez in der wîs:
der liep unedel liute hât
und die edeln varen lât,
dâ hin hân ich ez gemezzen.
Ir enwaeret niht besezzen,

hetet ir die edeln behalten,
die unedeln hindan geschalten;
sô kundez niht geschehen sîn. —
Markîs, nu nim die triuwe mîn,
daz mir leit ist, daz ich ez tet;
ich wil dir geloben an dirre stet,
daz ich ez lâzze immer mêr.
　　　264b 27 — 53.

14) Eines tages fuogete ez sich sô,
dô si quâmen zu Sante Clô,
daz was um einen mitten tac,
der rise slâfende lac;
bî einem brunnen daz geschach.
Der Markîs hin zu in allen sprach,
dô sie in ligen sâhen:
Juwer keiner sol dar gâhen.
Ich wil in ûf wecken,
dâ mit iuch niht erschrecken. —
Der gantzer tugende nie verdrôz,
der war gar gewâffens blôz
und vorhte nîht doch den tôt;
sîn schilt daz was sîn mantel rôt.
Nu gienc er dâ der rise lac
und süezzes slâfes pflac.
Er sprach: Ir müezzet wachen.
Ich wil dem lande machen
einen fride, ob ich mac. —
Der rise ûz dem slâfe erschrac,
an den markîs er spranc,
mit sîner stangen vil lanc
vaste er nâch im swancte;
den slegen er entwancte.
Swie maniger jâre er pflaege,
er was doch snel und niht traege;
daz half im, daz er genas.
Ein wunder ez an im was,
dô er in slâfende vant,
daz in ertôtte niht sîn hant.
Einen stôz im der rise stiez;
der stôz Willehalmen hiez,
daz er sich regete deste baz.
Einen slac er dem risen maz;
abe den arm er im sluoc
dâ er die stangen inne truoc.
Dô im enpfiel diu stange,
diu grozze und diu lange,

dô warp er in manige wîs,
wie er ergriffe den markîs.
Des wart der markîs gewar
und lief an in so vaste dar,
daz er durch den risen stach.
Der rise jaemerlîchen sprach:
Owê immer und owê,
ich vil armer Ysarê;
daz ich muoz des tôdes wesen
und du vor mir bist genesen,
mîne gôte sint des geschant,
Machmet und Tervigant,
und wendet an sie sînen spot
der ist genant der christen
 got. —
dâ mit der rise gesweic,
wan er tôt ûf die erden seic.
 265d 5 — 266a 2.

15) Dô er wol geschouwet wart,
darnach was dô ungespart,
der künic in begraben hiez.
 266b 39 — 41.

16) Dô der reine dar was komen,
dâ wolde er sich niht sûmen;
eine stat begunde er rûmen
und darinnen hütten machen
von maniger hande sachen.
Er leite dar vil steine,
beide grôz unde kleine,
und begunde aber rinden
abe den boumen schinden,
dâ mit er sich wol dahte.
Ob ie sper von im erkrahte,
und schilt von im durchstochen
 ie,
dem gebârte er nicht gelîche hie.
 216c 12 — 24.

17) Der markîs dô gedâhte,
daz er wol volbrâhte,
es waere guot der zelle,
daz er hiezze machen snelle
über daz wazzer eine brucke.
Dâ von des fürsten rucke
vil grôz arbeit gewan.
Willehalm, der saelige man,
truoc dâ hin vil steine,
beide grôz und cleine,
bis daz diu brucke wart bereit.
Der tiufel dô des nit vermeit,
er enbreche die brucke nider.
Dô hiez sie aber machen wider
der markîs in kurzer stunt.
Dô daz wart dem tiufel kunt,
die brucke er aber nider brach.
Zu drîn mâlen daz geschach.
Dô hiez er sie aber machen,
an veste niht verswachen.
Nu begunde in des gezemen,
daz er wâr wolde nemen,
wer sie zubrochen hâte.
Eines abends harte spâte,
dô quam der tiufel aber dar
und was als ein man gevar
und wolde aber die brucken
 brechen.
Mînen schaden sol ich rechen,
der markîs zornlîchen sprach.
Bist dûz der die brucken brach?
Sam mir der Willehalmes bart,
sô muoz geriuwen dich diu vart;
du muost in dem plûme baden,
dâ mit gelten mir den schaden.—
Bî dem hâre nam er in
und warf in in daz wazzer hin.
Willehalmen sîn schaden müete.
Der tiufel so lûte lüete,
dâ von der plûm so harte
erschrac, daz er sich zarte
in eine schwartze varwe gar.
Swelch man ie ist komen dar,
der weiz wol, daz ich hân geseit,
daz ez ist diu wârheit.
Dar nâch hiez er vil snelle
machen eine capelle
zu êren der vil reinen magt,
diu an hilfe ist unverzagt.
 266d 33 — 267a 25.

18) Herre, hoeret mînen rât;
ir solt vaster die Trinitât
vorhten dan des babest ban.
 267c 15 — 17.

19) Dô er daz tschahtel ersach,
zu sînem geverten er dô sprach:
Herre, ich erkenne mich gar ..
Ich was herre über ditz lant. —
Bruoder, daz ist mir wol bekant.
Ich was hie, dô der strît geschach,
dô was erslagen Meliach
und von Tranzense Ignodeloch.
Dô was dîn name an prîse hoch.
267d 54—57. 268a 7—12.

20) Got lêrte Willehalmen,
268d daz er tet, waz im gezam.
Eines leides maere er vernam,
daz vol trûric wart sîn muot.
Man nam dem clôster sîn guot.
Nu was im leit und ûngemach,
daz es so dicke geschach.
Die müniche müet ez alle.
Mit manigem venien valle
über die roubaere sie baten,
die in den schaden taten.

Nu wart eines tages in genomen
diu spîse, diu in solde komen,
vische, wîn, dar zuo brôt. —
Wir ligen schiere hunger tôt,
wil man uns die spîse nemen. —
Meister kan iuch des gezemen,
daz ir mir daz erloubent,
die uns so vaste roubent,
ob ich sie des müge erbiten,
daz es sî von in vermiten?
sprach Willehalm vil schône.
— Got sîn iuch immer lône,
sprach der appet, ob ir ez tuot.
Ir sult niht weren kein guot
niht wan iuwer niderwât.
Ir sît geschant, ob ir die lât,
Bruoder, wil sie ieman ziehen abe. —
Sît ich iuwer urloup habe,
daz nidercleit ich weren wil,
ir sî lützel oder vil. —
Nu tuot, als iuch got gewîse,
sprach der appet zu dem markîse,
und daz uns sî daz beste. —
Willehalm, der muotes veste,
fuor nach der spîse zu dem mer
und truoc keiner slahte wer
wan eine krucken cleine.
Willehalm der treip alleine
fumfzehen mîle nach der spîse.
Gewarp er ie nach prîse,
sîn lîp nam des cleine wâr.
Nu was der reine komen dâr.
dâ man im die spîse luot.
Dô das geschach, des clôsters guot
treip er dar ûf die strâzze.
Nu wâren sie an der sâzze,
die ê daz guot dâ nâmen.
An Willehalmen sie quâmen
und wolden die spîse nemen.
Er sprach: Iuch sol des gezemen,
daz ir uns die spîse lât,
wan sie zu nihte iuch bestât. —
Sie sprachen: Wizzet, bruoder,
daz iuwer kutten muoder
269a über diu ôren muoz her abe. —
Er sprach: Waz ich gewandes habe,
daz nemet ân die niderwât;
ich bin, der iuch der niht enlât,
ob ich daz erweren kan;
ich bin, der iuch niht wol gan,

swaz (iuch) ie unsers gotes
wart. —
Nu greif im einer an den
bart
und sprach: Rûmet die
kappen. —
Die rouplîchen knappen
namen im die cleider gar.
Nu wart der eine des gewar,
daz er in der niderwaete
einen bruchgürtel haete
von sîden und von golde.
Er sprach: Ein münich niht
solde
tragen sulich kleinöde.
Ir mugt wol wesen öde
und nicht der regel leben
hân.
Den nidergurt sult ir mir
lân;
wizzet, bruoder, daz muoz
sîn. —
Er sprach: Mich hiez der
appet mîn,
swer mir nemen wolde
die bruch, daz ich die solde
mit grôzzen slegen weren;
Got müezze hilfe mir be-
scheren. —
Gein got er innecłîchen rief.
Zu einem mûle er do lief
und zucte ûz im einen buoc
dâ mit er sie alle sluoc,
daz sie dâ lagen tôt.
Vische, wîn unde brôt
er einen langen fride gewan.
Er sprach: Owê ich armer
man,
waz hân ich begangen hie?
Ich klage harte cleine sie,
den ich den tôt hân getân,
mohte der mûl von hinnen
gân.
Nu wil ich zdoch versuochen,
ob got künne geruochen,
daz ich an sîne gnâde
ger. —

Er sprach: Got hêrre, mich
gewer,
des ich dich bitende wese;
hilf mir, daz der mûl genese.
Daz clôster muoz verderben,
sol uns der mûl ersterben.
Ich wil ûf die gnâde dîn
den buoc stôzen wider în,
dâ ich in dô nam. —
Got im zu hilfe aber quam,
der mûl stuont ûf und gie.
Er sprach: Got mich nie
verlie
zu keinen zîten.
Vil kurtz wir hie bîten,
sît der mûl mir mir gât,
den got uns gegeben hât. —
269b Nu was er kommen snelle,
dâ gemachet was diu zelle.
Als in die mûniche ersâhen,
sie begunden gein im gâhen,
daz er brâhte die spîse.
Der appet zuo dem markîse
sprach: Sît got willekomen;
daz uns die spîse niht genomen
das suln wir gote gnâde
sagen. —
Meister, dâ hân ich sie erslagen. —
Tatet ir daz mit der
krucken? —
Nein, got hiez mich zucken
ûz einem mûle einen buoc,
dâ mit ich sie alle ersluoc.
dô bat ich got den süezzen,
daz er mir ruohte büezzen
mîn schadelîchen ungemach.
Von sîner gnâde daz ge-
schach;
der mûl sân von dannen
gie.
Spîse, cleider ich in lie,
dô wolden sie mîn nider-
cleit
hân genomen; daz war mir
leit.

Hêrre, ich hân iuch verjehen
rehte, als ez ist geschehen. —
Der appet was der maere
 frô,
daz es ergangen was alsô,
daz der markîs lebende
 quam.
Der appet Willehalmen nam;
der heren ablâz er im sprach:
Mit iuwer hant es niht geschach.

Got es selbe hât getân.
Sie muozzen uns die spîse
 lân. —
Der markîs fuor an sîn ge-
 mach.
Dem clôster nimmer mêr
 geschach
kein schade noch kein
 swaere
von keinem roubaere.
268 c 56 — 269 b 36.

Nachtrag.

Fragmente einer Aimerizyklus-Handschrift hat 1891 die Pariser Nationalbibliothek erworben; sie dürfte mit den Hss. Brit. Mus. Harl. 1371 und Roy. 20 B xix am nächsten verwandt sein. Cf. Romania XX, 509.